LA VÉRITABLE HISTOIRE

Collection
dirigée
par
Jean Malye

DANS LA MÊME COLLECTION

Caligula
Périclès
Alexandre le Grand
Marc Aurèle

À PARAÎTRE

Constantin
Julien
les héros de Sparte
Hannibal
Néron
Jules César
Cicéron
Thémistocle
Auguste
Antoine et Cléopâtre

LA VÉRITABLE HISTOIRE D'ALCIBIADE

Textes réunis et commentés
par
Claude Dupont

LES BELLES LETTRES
2009

Dans le corps du texte, les textes en italiques sont
de Claude Dupont et ceux en romains sont d'auteurs
anciens, excepté pour les annexes.

© 2009, *Société d'édition Les Belles Lettres*
95, *boulevard Raspail 75006 Paris.*
www.lesbelleslettres.com

ISBN : 978-2-251-04005-9
ISSN : 1968-1291

Un homme politique de premier plan, récemment élu
général en chef, s'enfuit, est condamné à mort par contumace,
et, en pleine guerre, se réfugie chez l'ennemi, dont il devient
un conseiller écouté puis revient en triomphateur dans sa
patrie, qui lui vote les pleins pouvoirs, avant de la quitter
à nouveau, définitivement. Un parcours certes exceptionnel.
Doit-on admirer le génie d'un aventurier hors normes, ou
plaindre l'étonnant aveuglement d'une cité qui se complait
à être ainsi bernée ?

Difficile de trancher. D'un côté, c'est vrai, le peuple
athénien a perdu progressivement ses repères. Lui qui se voyait,
sous la houlette de Périclès, au faîte de son impérialisme altier,
doit affronter, trois décennies durant, une guerre qui n'en
finit pas, avec son long cortège de dévastations, d'épidémies,
de disette, de déroutes même. Comment ne rêverait-elle pas,
parfois, de chef charismatique, d'homme providentiel ?

De l'autre côté, un homme qui inquiète autant qu'il
fascine ; un homme dont l'ambiguïté est la nature. Un
dandy flamboyant, cynique, arrogant jusqu'à la violence.
Mais cet homme est aussi l'ami de Socrate, un ami fidèle
et admiratif : Socrate, le philosophe emblématique de
l'Antiquité grecque, qui, lui, préfère mourir plutôt que
d'enfreindre les lois de la cité. Cet homme est aussi un
démocrate douteux, on en conviendra, qui multiplie les clins
d'œil aux aristocrates, aux oligarques. Seulement, quand, en
411, un complot renverse la démocratie, Alcibiade n'en est
pas. Et quand, à son retour, on lui confère les pleins pouvoirs
et que certains le poussent au coup d'état, il n'envisage pas
de franchir le Rubicon. En fin de compte, ce sont les Trente

dictateurs d'Athènes qui convainquent les Spartiates de le faire assassiner. Par précaution.

En 404 avant J.-C., Athènes est vaincue. Elle subit la dure loi des Spartiates. Elle se relèvera, connaîtra encore de belles heures, mais ce ne sera plus l'apogée du Ve siècle. C'est aussi en 404 que meurt Alcibiade. De la démocratie, il n'aura peut-être pas partagé les convictions. Il en aura du moins suivi le destin, dans un de ses chapitres les plus difficiles, mais un des plus éclatants.

En 407, un homme revient à Athènes sa patrie. Cet homme a 44 ans. Il est stratège, et son retour est vraiment triomphal.

Quand il fut à terre, la foule accourue à sa rencontre ne sembla pas même voir les autres stratèges, elle se précipita vers lui avec des cris de joie, le salua, l'escorta, le couronna de guirlandes, dès qu'elle put l'approcher ; ceux qui ne purent arriver jusqu'à lui le contemplaient de loin, et les plus vieux le montraient aux jeunes.

Plutarque, *Alcibiade*, 32, 3

Rentrant dans sa patrie, il orna les trières attiques de branchages, de bandelettes et de rubans et, faisant remorquer les bateaux – environ deux cents – qu'il avait pris à l'ennemi et dont il avait coupé les éperons, il arriva au Pirée, escorté par des navires de transport remplis de dépouilles et de butin pris aux Spartiates. La trière[1] sur laquelle il se tenait s'avança jusqu'à

---

1. Galère de combat, à trois rangs de rames superposées.

l'entrée du port déployant des voiles pourpres puis, quand elle fut dans le port, les matelots prirent les rames. Chrysogonos rythmait sur sa flûte le mouvement des rameurs, tandis que Callipidès, en tenue de tragédien, battait la mesure.

Athénée, *Les Deipnosophistes*, 12, 49, 535c-d

Et pourtant, huit ans auparavant, cet homme avait été condamné à mort, s'était réfugié chez l'ennemi et avait conduit, aux côtés des généraux spartiates, des campagnes victorieuses contre son ancienne patrie.

UN HOMME CHÉRI
DE LA FORTUNE

Alcibiade naît, approximativement, en 451 avant J.-C., dans une cité qui est au sommet de sa puissance, depuis qu'en 479 la menace perse a été écartée. Pendant un demi-siècle, la civilisation grecque va connaître un essor décisif, un éclat incomparable, sous l'impulsion de Périclès qui, à la tête du parti démocratique, va, de fait, diriger Athènes jusqu'à sa mort en 429. Avec les cités ioniennes d'Asie Mineure et les îles, Athènes constituera une puissante ligue maritime, et exerçant un impérialisme sans états d'âme, elle usera des contributions versées par ses alliés pour édifier des constructions de prestige, notamment sur l'Acropole, et pour développer une vie artistique et culturelle sans précédent.

Le fils d'Alcibiade présente la noble lignée de son père.

Mon père appartenait, par les hommes, aux Eupatrides, dont le nom seul suffit à faire connaître la noblesse ; par les femmes, aux Alcméonides qui ont laissé le plus beau monument de leur richesse quand Alcméon fut le premier citoyen à remporter la victoire à la course des chars à Olympie, et qui montrèrent au temps des tyrans leur dévouement pour le peuple ; parents de Pisistrate[2] et, avant son arrivée au pouvoir, plus liés avec lui qu'avec aucun Athénien, ils n'acceptèrent pas de s'associer à sa tyrannie et aimèrent mieux être exilés que voir esclaves leurs concitoyens. Les luttes civiles durèrent quarante ans ; et leurs compagnons d'exil eurent en eux une si grande confiance que pendant tout ce temps ils furent les chefs du parti démocratique. Et à la fin Alcibiade et Clisthène, l'un arrière-grand-père paternel, l'autre arrière-grand-père maternel de mon père, prirent le commandement des bannis, ramenèrent le peuple, chassèrent les tyrans et établirent cette démocratie qui enseigna aux citoyens une telle vaillance qu'à eux seuls ils vainquirent les barbares qui venaient attaquer toute la Grèce.

Isocrate, *Sur l'attelage*, 25-27

Quand Alcibiade a 5 ans, son père meurt au combat.

Alcibiade, dont la famille paternelle passe pour remonter à Eurysakès, fils d'Ajax, était par sa mère Dinomachè, fille de Mégaclès, un Alcméonide. Son père Clinias avait glorieusement combattu à l'Artémision[3] sur une trière équipée à ses frais, et plus tard il périt en combattant à Coronée[4] contre les Béotiens.

Plutarque, *Alcibiade*, 1, 1

2. Tyran d'Athènes, au VIe siècle avant J.-C.
3. Promontoire de la côte nord de l'île de l'Eubée où les Grecs livrèrent bataille à la flotte perse en 480 avant J.-C.
4. Bataille remportée par les Béotiens sur les Athéniens en 447.

*Alcibiade est alors adopté par Périclès, cousin germain
de sa mère et sera élevé chez lui avec ses enfants. Tout petit
déjà, il montre un caractère affirmé.*

Plus tard, son caractère manifesta, comme il était
naturel parmi les grandes affaires où cet homme fut
engagé et les vicissitudes de sa fortune, une grande
instabilité et de nombreux changements, mais la
plus forte des passions nombreuses et violentes que
la nature avait mises en lui était le désir de vaincre
et de primer, comme on le voit par les traits qu'on
rapporte de son enfance [...]

Étant encore petit, il jouait aux osselets dans la
rue. Son tour était venu de les lancer, lorsqu'une
voiture chargée de marchandises survint. Tout d'abord
il ordonna au conducteur de l'attelage de s'arrêter,
parce que les osselets tombaient sur le passage du
chariot. L'homme, qui était un rustre, ne l'écouta
pas et continua d'avancer. Alors les autres enfants
s'écartèrent ; mais Alcibiade se jeta la face contre terre
devant l'attelage et, étendu tout du long, il cria :

– Passe maintenant, si tu veux.

Alors le cocher, effrayé, tira son attelage en arrière.
Les spectateurs de cette scène, épouvantés, poussèrent
des cris et accoururent vers l'enfant.

Plutarque, *Alcibiade*, 2, 1-4

Le jeune Alcibiade suit un enseignement optionnel.

Arrivé à l'âge des études, il écoutait assez bien la
plupart de ses maîtres, sauf qu'il refusait de jouer de

la flûte, considérant cet instrument comme méprisable
et indigne d'un homme libre. L'usage du plectre[5] et de
la lyre, disait-il, ne gâte rien à la figure et à l'aspect qui
conviennent à un homme libre ; mais quand un homme
souffle dans une flûte avec sa bouche, ses familiers eux-
mêmes ont grand peine à reconnaître ses traits. En outre,
quand on joue de la lyre, on peut en même temps parler
ou chanter ; mais la flûte, en occupant et obstruant la
bouche, ôte au musicien la voix et la parole.

   – Laissons donc la flûte, poursuivait-il, aux enfants
des Thébains ; car ils ne savent pas converser ; mais,
nous, Athéniens, nous avons, comme le disent nos
pères, Athéna pour fondatrice et Apollon pour auteur
de notre race : or l'une a jeté la flûte loin d'elle, et
l'autre a écorché le flûtiste[6].

   Par de tels propos mi-plaisants, mi-sérieux, Alcibiade
se détourna de cette étude, et en détacha aussi ses
camarades, car le bruit ne tarda pas à se répandre parmi
les enfants qu'Alcibiade avait horreur, et avec raison,
du jeu de la flûte et raillait ceux qui l'apprennent. C'est
ainsi que cet instrument fut tout à fait exclu des études
libérales et complètement déconsidéré.

                              Plutarque, *Alcibiade*, 2, 5-7

   5. Baguette en bois ou en ivoire servant à faire vibrer les cordes
d'un instrument.
   6. La flûte aurait été inventée soit par Athéna, soit par le satyre
Marsyas. Athéna rejeta la flûte en voyant ses joues gonflées réfléchies
dans l'eau d'une source. Marsyas défia le cithariste Apollon (père
d'Ion, qui fut roi d'Athènes et ancêtre éponyme des Ioniens) ; vaincu,
Marsyas fut écorché vif.

Adolescent, il cause très vite des soucis à ses tuteurs.

Il est écrit dans les *Invectives* d'Antiphon qu'étant enfant, Alcibiade s'enfuit de la maison chez Démocratès, un de ses amants, qu'Ariphron[7] voulait le réclamer par la voix du héraut, mais que Périclès s'y opposa :

— S'il est mort, dit-il, nous ne le saurons par la proclamation qu'un jour plus tôt, et, s'il est sauf, sa vie sera dès lors perdue.

Plutarque, *Alcibiade*, 3, 1

Il se comporte bientôt comme un véritable dandy.
Comme en témoigne son entrée fracassante au banquet offert par Agathon, immortalisée par Platon.

Un instant plus tard on entendit dans la cour la voix d'Alcibiade, complètement ivre et qui criait à tue-tête. Il demandait où était Agathon, il voulait être conduit auprès d'Agathon. On le conduit donc près des convives, soutenu par la joueuse de flûte et quelques-uns de ses compagnons ; il s'arrête sur le seuil, portant une sorte de couronne touffue de lierre et de violettes, et la tête couverte d'un tas de bandelettes :

— Messieurs, dit-il, bonsoir ! Accepterez-vous un homme complètement ivre, pour boire avec vous ? ou devrons-nous partir en nous bornant à couronner Agathon, pour qui nous sommes venus tout exprès ? Hier, en effet, dit-il, je n'ai pu être présent. J'arrive

7. Frère de Périclès.

maintenant avec ces bandelettes sur la tête, pour les faire passer de ma tête à moi sur la tête de l'homme le plus savant et le plus beau – si cette expression m'est permise – et l'en couronner. Allez-vous rire de moi parce que je suis ivre ? Riez si vous voulez, moi je sais en tout cas que je dis la vérité. Répondez-moi tout de suite. Je vous ai dit mes conditions : dois-je entrer, oui ou non ? Voulez-vous, oui ou non, boire avec moi ?

Tout le monde l'acclame, on lui dit d'entrer et de prendre place.

Platon, Le Banquet, 212d-e, 213a

En temps de paix comme en temps de guerre, il soigne l'originalité de sa tenue, en se mettant en valeur.

Il était très beau et, presque toute sa vie, il porta des cheveux longs et mettait des chaussures fort originales que, depuis, on appelle des « Alcibiades ». Quand il était chorège[8], il allait vêtu de pourpre et s'attirait l'admiration des hommes aussi bien que celle des femmes. Ainsi Antisthène, philosophe socratique, qui connut Alcibiade, dit qu'il fut toujours robuste, courageux, audacieux et séduisant.

Revenu d'Olympie à Athènes, il fit don à la cité de deux tableaux, œuvres d'Agléophon. L'un le montrait couronné par Olympia[9] et par Pythia[9]. Sur

---

8. Citoyen qui devait organiser, équiper et instruire à ses frais un chœur dans une représentation théâtrale.

9. Figures allégoriques représentant les Jeux olympiques, les Jeux pythiques et les Jeux néméens qui étaient, avec les Jeux isthmiques, les plus renommés dans la Grèce antique.

l'autre, Némée[8] était assise et sur ses genoux se tenait Alcibiade, avec un visage qui surpassait en beauté celui des femmes. À la tête d'une armée, il tenait à conserver une mise élégante. Il avait un bouclier d'or et d'ivoire qui avait pour emblème un Amour qui lançait la foudre à la manière d'un javelot.

Athénée, *Les Deipnosophistes*, 12, 47, 534c-d

Il est prêt à tout, pourvu qu'on parle de lui.

Il avait un chien d'une taille et d'une beauté merveilleuses, qu'il avait acheté soixante-dix mines[10]. Il lui coupa la queue, bien qu'elle fût magnifique. Comme ses familiers l'en blâmaient et lui rapportaient que tout le monde était choqué et le critiquait à propos du chien, il se mit à rire et leur dit :

— C'est justement là ce que je veux ; je souhaite que les Athéniens bavardent à ce sujet, afin qu'ils ne disent rien de pire sur mon compte.

Plutarque, *Alcibiade*, 9, 1

C'est surtout à ses victoires olympiques qu'Alcibiade dut d'être célèbre dans toute la Grèce.

Il acquit beaucoup de notoriété par son écurie de course et par le nombre de ses chars. Nul autre, homme privé ou souverain, n'en lança sept à la fois dans la carrière d'Olympie : lui seul le fit. Et la

10. La mine était une monnaie grecque qui valait cent drachmes à Athènes.

gloire d'avoir remporté le premier prix, le second et, en outre, selon Thucydide, le quatrième ou, suivant Euripide, le troisième, surpasse en éclat et en renommée tout ce qu'on peut ambitionner en cette matière. Voici ce que dit Euripide dans son ode :

– C'est toi que je veux chanter, fils de Clinias. Il est beau de vaincre ; mais le plus beau est ce qu'aucun autre Grec n'a fait, c'est de gagner à la course des chars le premier, le second et le troisième prix, et de revenir deux fois, sans avoir pris de peine, couronné de feuilles d'olivier, pour être l'objet de la proclamation du héraut.

Plutarque, *Alcibiade*, 11, 1-3

Et son fils confirme sa passion pour les courses de char.

Vers le même moment, mon père voyait que les réunions d'Olympie attiraient la sympathie et l'admiration de tous les hommes, que les Grecs y faisaient étalage de leur richesse, de leur force et de leur culture, qu'on enviait les athlètes, que l'on célébrait la patrie des vainqueurs. En outre il pensait que les services publics rendus ici servaient son intérêt particulier aux yeux des citoyens, mais que ceux qu'on rendait en cette fête intéressaient l'État entier sous les yeux de toute la Grèce. Dans cette optique, bien qu'il ne fût ni moins apte ni plus faible qu'un autre pour les exercices du corps, il dédaigna les épreuves gymniques, parce qu'il savait que certains athlètes étaient de basse naissance, habitaient de petites villes et avaient reçu une humble éducation. Il se mit à élever des chevaux de course, ce qui est l'occupation des gens les plus fortunés et ce que ne peut faire aucun homme du commun ; et ainsi il surpassa non seulement ses concurrents, mais tous les vainqueurs de quelque temps que ce fût. Il fit courir des attelages si nombreux que même les plus grands états n'en mirent jamais tant en ligne, et d'une telle valeur qu'il fut classé le premier, le second et le troisième.

Isocrate, *Sur l'attelage*, 32-34

Sans doute a-t-il vécu au-dessus de ses moyens.

Encore un exemple : vous savez, j'imagine, qu'Alcibiade fut stratège quatre ou cinq ans de suite, maître de la mer et victorieux des Spartiates : les villes, alors, ne marchandaient pas à lui donner deux fois plus qu'à n'importe quel autre stratège, en sorte que certains lui attribuaient plus de cent talents[11] ; c'était faux, on le vit bien à sa mort : il laissa à ses enfants une fortune moindre que celle qu'il avait reçue de ses tuteurs.

Lysias, *Sur les biens d'Aristophane*, 52

11. Montant considérable. Le talent représentatit le valeur d'une somme d'or ou d'argent pesant environ 26 kilos.

UNE PERSONNALITÉ COMPLEXE

Alcibiade fut un personnage fort controversé...

Il était riche, généreux, magnifique dans son existence extérieure et dans sa vie privée ; accueillant, aimable, prêt à se plier aux circonstances. Il savait se montrer encore, quand l'occasion l'exigeait, travailleur et endurant ; mais dès qu'il se donnait quelque relâche et que rien ne sollicitait plus ses efforts, son faste et son laisser-aller, ses caprices et ses excès s'étalaient au grand jour, si bien que tout le monde s'étonnait de rencontrer en une même âme tant d'oppositions et un caractère si varié.

Cornélius Népos, *Alcibiade*, 1, 3-4

... doué d'une faculté exceptionnelle d'adaptation.

Étant originaire d'Athènes, une cité des plus magnifiques, il ne put être égalé par personne en éclat et en dignité dans sa manière de vivre ; une fois exilé et réfugié à Thèbes, il adopta les goûts qu'il y rencontra et n'eut point d'égal pour le travail et les forces corporelles (car tous les Béotiens sont remarquables par la vigueur physique plus qu'ils ne recherchent la finesse de l'esprit) ; enfin à Sparte, dans un pays où le mérite des citoyens consistait surtout dans l'endurance, il cultiva l'austérité, et la simplicité de sa table et de sa maison était plus grande que celle des Spartiates ; il vint chez les Thraces, gens adonnés à la boisson et au libertinage, et ceux-là encore il sut les dépasser sur leur propre terrain ; il vint chez les Perses, où la suprême distinction consiste à se montrer bon chasseur et à étaler une vie luxueuse ; il les imita à tel point que les gens du pays étaient stupéfaits de le voir si bien réussir. Cette manière de faire lui assura partout où il vécut le premier rang et la sympathie la plus vive.

Cornélius Népos, *Alcibiade*, 11, 2-6

Il avait un fort pouvoir de séduction. Il était beau...

Alcibiade, de son côté, dut à sa beauté d'être traqué par une foule de femmes.

Xénophon, *Les Mémorables*, 1, 2, 24

Quant à sa beauté physique, il n'y a sans doute rien en dire, sinon qu'elle s'épanouit et conserva son éclat à tous les âges de sa vie : enfant, adolescent, homme fait, il fut toujours d'un aspect aimable et charmant. Il n'est pas vrai, quoi qu'en dise Euripide, que chez tous les hommes beaux l'arrière-saison même soit belle. Mais tel fut le privilège d'Alcibiade et de quelques autres ; il le dut à l'heureuse nature et à l'excellence de sa constitution physique.

Plutarque, *Alcibiade*, 1, 4-5

Eupolis dans sa pièce Les Flatteurs, *le décrit comme un homme à femmes, qui ne dédaigne pas non plus les hommes :*

– Alcibiade ! Cesse d'être une femme.

Alcibiade : – Tu es fou ! Va plutôt coucher avec ta légitime !

Athénée, *Les Deipnosophistes*, 12, 48, 535

... éloquent, malgré un défaut de prononciation...

Quant à sa manière de parler, on dit que même son défaut de prononciation lui seyait et prêtait à son langage une grâce qui contribuait à la persuasion. Aristophane lui-même parle de son blésement dans ces vers où il raille Théoros :

« Là-dessus, en blésant Alcibiade m'a dit :

Legalde Théolos, sa tête de colbeau. »

– Pour une fois il est tombé juste en blésant !

Et Archippos se moquait du fils d'Alcibiade en disant :

– Il marche avec une nonchalance affectée et laisse traîner son manteau, afin de ressembler le plus possible à son père. Puis il penche la nuque et s'exprime en blésant.

Plutarque, *Alcibiade*, 1, 6-8

Mais il prétendait avant tout tirer du charme de sa parole son autorité sur la foule. Et de fait, il fut très éloquent, comme l'attestent les poètes comiques et le plus grand des orateurs[12], qui, dans son discours *Contre Midias*, dit :

– Alcibiade joignait à d'autres qualités une remarquable éloquence. Si nous en croyons

12. Démosthène

Théophraste[13], qui, pour la curiosité et la connaissance de l'histoire, peut soutenir la comparaison avec n'importe quel autre philosophe, Alcibiade était de tous les hommes le plus capable de trouver et d'imaginer ce qui convenait à chaque circonstance ; mais, parce qu'il cherchait non seulement ce qu'il fallait dire, mais encore les mots et les expressions pour le dire, et qu'il ne les avait pas toujours à sa disposition, il hésitait souvent, s'arrêtait au milieu de son discours et attendait l'expression qui le fuyait, tout en cherchant à se ressaisir et en réfléchissant.

Plutarque, *Alcibiade*, 10, 3-4

... courageux, ce qui lui valut même, en 432, à l'âge de 19 ans, d'obtenir le prix de la valeur.

Quand il fut inscrit au nombre des citoyens, ses qualités ne changèrent pas ; il ne chercha pas à vivre dans la mollesse tout en s'enorgueillissant des mérites de ses ancêtres ; au contraire il fut immédiatement assez ambitieux pour vouloir que ses actes même fissent rappeler les leurs. Tout d'abord, quand Phormion emmena en Thrace mille Athéniens, les meilleurs qu'il eût pu choisir, mon père partit avec eux[14] et

---

13. Auteur des *Caractères*, Théophraste fut l'ami et le successeur d'Aristote.

14 « Il était encore un adolescent, lorsqu'il prit part à l'expédition de Potidée. Il logeait sous la même tente que Socrate et, dans les combats, se trouvait à côté de lui. Une grande bataille ayant eu lieu, ils s'y distinguèrent tous les deux ; mais, Alcibiade blessé étant tombé à terre, Socrate se plaça devant lui, le protégea et, de toute évidence, le sauva, lui et ses armes. » Plutarque, *Alcibiade*, 7, 3-5

se conduisit si bien dans les dangers que le stratège lui décerna une couronne et une armure complète. Or que doit faire l'homme qui mérite les plus grands éloges ? Ne doit-il pas, quand il est en expédition avec les citoyens les plus courageux, mériter le prix de la valeur, et quand il dirige une campagne contre les plus puissants des Grecs se montrer supérieur à eux dans tous les hasards. Or mon père obtint ce prix dans sa jeunesse et accomplit le reste quand il fut plus âgé.

Isocrate, Sur l'attelage, 29-30

C'est ce prix qu'évoque Alcibiade dans Le Banquet, *affirmant que Socrate l'eût plus mérité que lui.*

Lors du combat à la suite duquel les généraux m'ont décerné le prix du courage, je n'ai dû mon salut qu'à cet homme. J'étais blessé, il refusa de m'abandonner, et il réussit à sauver tout à la fois mes armes et moi-même. À l'époque, Socrate, j'ai demandé aux généraux de te décerner ce prix : là-dessus tu ne pourras me faire de reproche, ou dire que je mens. Mais les généraux considéraient mon rang et voulaient me donner le prix, et tu as personnellement insisté, plus qu'eux, pour qu'il me revînt plutôt qu'à toi.

Platon, Le Banquet, 220d-e

Et en 424, la défaite de Délion contre les Thébains lui permettra de rendre la pareille à son ami.

A la bataille de Délion, les Athéniens ayant été mis en déroute, Alcibiade, qui était à cheval, aperçut Socrate qui se retirait avec un petit groupe de fantassins. Au lieu de passer outre, il resta près de lui et le protégea contre les ennemis qui harcelaient les fuyards et en tuaient un grand nombre.

Plutarque, Alcibiade, 7, 6

Quand l'armée, quittant Délion, se repliait en déroute, le hasard me fit le rencontrer. J'étais à cheval, et lui portait son armement d'hoplite. Il se repliait donc au milieu de la débandade, en compagnie de Lachès[15]. Je tombe sur eux par hasard, et dès que je les vois je les encourage, je leur dis que je ne les abandonnerai pas. A cette occasion-là, j'ai pu observer Socrate encore mieux qu'à Potidée.

Platon, Le Banquet, 221b

Mais son comportement témoignait d'un grand sans-gêne, tant vis-à-vis de ses concitoyens...

Se rendant chez Anytos, un homme riche qui était son amant, en compagnie d'un de ses amis, Thrasyllos, qui, lui était sans le sous, il but à sa santé et fit emporter chez Thrasyllos la moitié des coupes qui étaient dans le buffet. [...] Puis il s'en alla. Anytos fit preuve d'indulgence, montrant l'étendue de son amour. À ceux qui lui disaient qu'Alcibiade s'était comporté comme un goujat, il répondait :

---

15. Stratège, qui donna son nom à un dialogue de Platon.

– Par Zeus, il s'est dignement comporté ! Alors qu'il pouvait prendre toutes les coupes, il m'en a laissé la moitié.

Athénée, *Les Deipnosophistes*, 12, 534e-f

... que des cités alliées.

Voyageant à l'étranger, il se comporta vis-à-vis de quatre cités comme si elles avaient été à son service. Les gens d'Éphèse lui montèrent une tente perse, ceux de Chios fournirent la nourriture à ses chevaux, ceux de Cyzique apportèrent les viandes qu'on offrait en sacrifice et les Lesbiens lui livrèrent chaque jour les victuailles et le vin.

Athénée, *Les Deipnosophistes*, 12, 534d-e

Du sans-gêne à la franche absence de scrupules, la frontière est vite franchie.

On raconte qu'il y avait à Athènes un nommé Diomède, honnête homme et ami d'Alcibiade, qui brûlait du désir de remporter une victoire à Olympie. Apprenant qu'il y avait à Argos un char qui appartenait à l'État, et sachant qu'Alcibiade jouissait dans cette ville d'un grand crédit et y avait beaucoup d'amis, il lui demanda d'acquérir ce char pour son compte, à lui Diomède. Alcibiade l'acheta, mais se l'appropria et envoya promener Diomède, qui fut indigné et prit les dieux et les hommes à témoin. Il apparaît même que l'affaire fut portée en justice, car nous avons un

discours *Sur l'attelage* écrit par Isocrate pour le
fils d'Alcibiade.

Plutarque, *Alcibiade*, 12, 3

Mais Alcibiade a voulu montrer qu'il n'outrageait
pas Diomède seulement, mais la cité tout entière.
Il demanda aux archithéores[16] de lui prêter les vases
sacrés pour s'en servir, disait-il, dans la fête qu'il
allait donner en l'honneur de sa victoire, la veille
du sacrifice ; mais c'était duperie, car il refusa
de les rendre, voulant se servir le lendemain, en
public, de ces aiguières et de ces cassolettes d'or.
Ceux des étrangers qui ne savaient pas que tout
cela était à nous, voyant la cérémonie publique qui
suivait la fête donnée par Alcibiade, croyaient que
ces vases dont nous nous servions étaient à lui ;
mais ceux que les Athéniens avaient renseignés
ou qui reconnaissaient là les façons d'agir du
personnage, se riaient de nous en voyant qu'un
homme, à lui tout seul, était plus puissant que la
cité tout entière.

Andocide, *Contre Alcibiade*, 29

Il est capable d'une grande violence.

Il avait dépassé l'enfance lorsqu'un jour il aborda
un maître d'école et lui demanda un livre d'Homère.
Le maître lui ayant répondu qu'il ne possédait rien

---

16. Chef des théores, délégués envoyés par les cités grecques pour
assister aux Jeux olympiques et présenter des offrandes aux dieux.

d'Homère, il lui donna une gifle et continua son chemin.

Plutarque, Alcibiade, 7, 1

Voyez jusqu'à quel point il a poussé l'audace : ayant décidé le peintre Agatharchos à l'accompagner chez lui, il le contraignit à décorer sa maison de peintures, et, malgré les prières de celui-ci, malgré les très sérieuses raisons que le peintre lui donnait, disant qu'il ne pouvait commencer ce travail parce qu'il avait d'autres commandes, Alcibiade menaça de l'emprisonner s'il ne se mettait pas aussitôt à peindre. Ainsi fut fait, d'ailleurs. Agatharchos ne recouvra sa liberté qu'au bout de quatre mois, lorsqu'il s'enfuit, en trompant ses gardiens, comme il eût fait chez le Grand Roi. Et telle est l'impudence du personnage qu'il eut le front d'aborder le peintre en lui reprochant de lui avoir fait tort ; loin de se repentir de ses violences il le menaçait, pour avoir laissé là son ouvrage. Démocratie, liberté, à quoi servait tout cela ? Agatharchos avait été bel et bien mis aux fers, comme un esclave avéré.

Andocide, Contre Alcibiade, 17

Rappelez-vous Tauréas, chorège[17] dont le chœur d'enfants rivalisait au concours avec celui d'Alcibiade. La loi permet à qui le veut d'expulser un choreute

---

17. Voir n. 8, p. 16. La représentation théâtrale étant considérée comme une cérémonie culturelle. Frapper un chorège relevait du sacrilège.

étranger qui va prendre part au concours ; mais elle interdit de l'arrêter quand il a commencé : eh bien devant vous, devant tous les Grecs qui assistaient au spectacle, sous les yeux de tous les magistrats de la Cité, Alcibiade chassa Tauréas en le frappant. Les spectateurs, qui manifestaient à celui-ci leur sympathie, à l'autre leur hostilité, applaudissaient le chœur de Tauréas et refusaient d'écouter l'autre ; mais Tauréas n'y gagna rien.

Andocide, *Contre Alcibiade*, 20

Il sait pourtant faire preuve de générosité, mais parfois avec l'argent des autres.

Il fit pourtant, dit-on, une exception pour un métèque[18] qui n'était pas riche, mais qui vendit tout ce qu'il possédait et en apporta le produit, cent statères[19], à Alcibiade, en le priant de les accepter. Alcibiade se mit à rire et, amusé, l'invita à dîner. Après l'avoir reçu à sa table et l'avoir comblé d'attentions, il lui rendit son or et lui ordonna d'aller le lendemain se mettre sur les rangs pour acheter le droit de percevoir les taxes publiques et d'enchérir sur les fermiers de l'État. L'homme s'en défendit, parce que la mise à prix était de plusieurs talents.

18. Étranger établi à demeure à Athènes. Les métèques n'avaient pas les droits politiques mais pouvaient recevoir les droits civils. Ils jouaient, à Athènes, un rôle important dans l'industrie et le commerce.

19. Le statère était une monnaie d'argent valant de 2 à 4 drachmes.

Alors Alcibiade le menaça de le faire fouetter, s'il s'y refusait ; car Alcibiade se trouvait avoir un grief personnel contre ces fermiers. Le métèque se rendit donc le lendemain matin, dès l'aube, à l'agora[20] et fit une surenchère d'un talent. Les fermiers irrités se liguèrent contre lui et le sommèrent de nommer son garant, persuadés qu'il n'en trouverait pas. L'homme, désemparé, allait se retirer, lorsqu'Alcibiade, qui se trouvait là, cria de loin aux magistrats :

– Écrivez mon nom ; c'est mon ami ; je me porte garant pour lui.

En entendant ces mots, tous les fermiers furent embarrassés, car, accoutumés à payer les arrérages d'un premier bail avec le produit du suivant, ils ne savaient comment se tirer d'affaire. Ils prièrent l'homme de se désister, moyennant de l'argent qu'ils lui offrirent. Alcibiade lui défendit d'accepter moins d'un talent[21]. Ils le donnèrent, et Alcibiade dit à l'homme de le prendre et de se retirer. C'est ainsi qu'il lui procura du gain.

Plutarque, *Alcibiade*, 5, 1-5

---

20. Place publique qui était le centre de la vie athénienne, où se tenaient les marchés.
21. Un talent équivaut à 300 statères d'or.

Bilan globalement négatif ?

Xénophon n'en doute pas.

Alcibiade fut le plus débauché, le plus insolent et le plus violent de tous ceux qui appartenaient au parti démocratique.

Xénophon, *Les Mémorables*, 1, 2, 12

Et Lysias est encore plus dur.

Il n'est dont pas difficile de se rendre compte qu'en fait de capacités, Alcibiade n'en a pas eu plus que les autres, et que c'est seulement pour la scélératesse qu'il avait la première place dans sa patrie.

Lysias, *Contre Alcibiade*, 37

Le parallèle que Plutarque dresse entre Coriolan et Alcibiade n'est pas en faveur de ce dernier.

Alcibiade, lui, ne niait pas qu'il prît plaisir aux honneurs et supportât mal d'en être écarté. Aussi tâchait-il de plaire à ceux en compagnie desquels il se trouvait et de se faire aimer d'eux. Mais l'orgueil ne permettait pas à Marcius[22] de flatter ceux qui pouvaient l'honorer et l'élever en dignité, et son ambition lui causait du dépit et du chagrin s'il était négligé. Voilà ce qu'on peut reprendre en cet

---

22. Coriolan, général romain du Vᵉ siècle avant J.-C., qui fut condamné à l'exil, se réfugia chez les Volsques, ennemis des Romains. À la tête de l'armée volsque, il était sur le point de saccager Rome, quand il fut touché par les supplications de sa mère et de son épouse.

homme, mais tout le reste chez lui est brillant. Pour
sa tempérance et son mépris de l'argent, il mérite
d'être comparé aux meilleurs et aux plus purs d'entre
les Grecs, mais non, certes, à Alcibiade, qui fut, à
cet égard, l'homme le plus impudent du monde et
le plus indifférent à la morale.

Plutarque, *Coriolan*, 44, 2

Une vie conjugale mouvementée.
Alcibiade fit ce qu'on appelle un bon mariage.

Puis il épousa ma mère[23], et je crois qu'en elle
aussi c'est un prix de valeur qu'il a obtenu. En
effet Hipponicos[24], son père, était par sa richesse le
premier des Grecs, et n'était inférieur à aucun de
nos concitoyens par sa naissance ; on l'honorait et
l'admirait plus qu'aucun de ses contemporains ; c'était
avec une dot très grande et une réputation très belle
qu'il donnait sa fille en mariage ; tous souhaitaient
cette union, les plus grands s'en jugeaient dignes :
c'est mon père qu'il choisit parmi tous et désira
allier à sa famille.

Isocrate, *Sur l'attelage*, 31

23. Hipparétè.
24. Hipponicos appartenait à la puissante famille des Kéryces et
passait pour l'homme le plus riche d'Athènes.

Pourtant, les rapports avec son beau-père Hipponicos n'auraient pas toujours été excellents.

Un jour, il donna un soufflet à Hipponicos, père de Callias, qui avait une grande réputation et beaucoup d'autorité grâce à sa richesse et à sa naissance. Il le fit sans y être poussé par la colère ou par un différend quelconque, mais par plaisanterie, à la suite d'un pari conclu avec ses camarades. Cette incartade fit du bruit dans la ville et suscita, comme il fallait s'y attendre, une indignation générale. Le lendemain, dès l'aube, Alcibiade se rendit à la maison d'Hipponicos, frappa à la porte et, introduit en sa présence, il ôta son manteau et se présenta à lui, en le priant de le fouetter et de le punir. Hipponicos lui pardonna et oublia son ressentiment. Plus tard il lui donna même sa fille Hipparétè en mariage. Cependant quelques auteurs disent que ce ne fut pas Hipponicos, mais Callias, son fils, qui donna Hipparétè à Alcibiade avec une dot de dix talents, et que, devenu père, Alcibiade en exigea dix autres, affirmant que cela avait été convenu, s'il avait des enfants. Mais Callias, craignant une manœuvre de sa part, se présenta à l'assemblée du peuple auquel il donna ses biens et sa maison, au cas où il viendrait à mourir sans laisser de postérité.

Plutarque, *Alcibiade*, 8, 1-4

Alcibiade ne fut certainement pas un époux modèle.

Hipparétè était une femme rangée et attachée à son mari ; mais, malheureuse en ménage et voyant qu'Alcibiade fréquentait des courtisanes étrangères et athéniennes, elle quitta sa maison et se retira chez son frère. Comme Alcibiade ne s'en inquiétait pas et continuait ses débauches, elle dut déposer sa demande en divorce chez l'archonte[25], non point par un intermédiaire, mais en se présentant en personne. Quand elle s'y rendit pour le faire, conformément à la loi, Alcibiade se jeta sur elle, la saisit et la ramena chez lui en traversant la place publique, sans que personne osât s'y opposer ni la lui enlever. Elle resta chez lui jusqu'à sa mort.

Plutarque, *Alcibiade*, 8, 4-6

25. À Athènes, les neuf archontes étaient des magistrats qui avaient des fonctions religieuses et judiciaires.

UNE AMITIÉ PARADOXALE

Tout semblait opposer le jeune, beau et fol Alcibiade et Socrate, laid, sage, et beaucoup plus âgé. Et pourtant Alcibiade parle avec admiration de Socrate.

Quand je l'écoute, en effet, mon cœur bat plus fort que celui des Corybantes[26] en délires, ses paroles font couler mes larmes, et bien des gens, je le vois, éprouvent les mêmes impressions. Or, en écoutant Périclès et d'autres bons orateurs, j'admettais sans doute qu'ils parlaient bien, mais je n'éprouvais rien de pareil, mon âme n'était pas bouleversée, elle ne s'indignait pas de l'esclavage auquel j'étais réduit. Mais lui, ce Marsyas[27], m'a souvent mis dans un tel état qu'il me semblait impossible de vivre comme je le fais – et cela, Socrate, tu ne diras pas que ce n'est pas vrai. Et en ce moment encore, j'en ai conscience, si j'acceptais de prêter l'oreille à ses paroles, je n'y tiendrais pas : j'éprouverais les mêmes émotions. Il m'oblige en effet à reconnaître qu'en dépit de tout ce qui me manque, je continue de n'avoir point souci de moi-même, et je m'occupe des affaires des Athéniens. Je me fais donc violence, je me bouche

26. Prêtres de Cybèle qui entraient dans des transes sacrées.
27. Voir note 6, p. 14.

les oreilles comme pour échapper aux Sirènes, je
m'éloigne. Je fuis, pour éviter de rester là, assis près
de lui, jusqu'à mes vieux jours. Et j'éprouve devant
lui seul un sentiment qu'on ne s'attendrait pas à
trouver en moi : la honte devant quelqu'un. Il est
le seul homme devant qui j'aie honte. Car il m'est
impossible, j'en ai conscience, d'aller contre lui, de
dire que je n'ai pas à faire ce qu'il ordonne ; mais
quand je le quitte, je cède à l'attrait des honneurs
dont la foule m'entoure. Alors je me sauve comme
un esclave, je m'enfuis, et quand je le vois j'ai honte
de mes aveux passés. Souvent j'aurais plaisir à ne plus
le voir en ce monde, mais si cela arrivait je sais que
je serais encore plus malheureux. Aussi, je ne sais
que faire avec cet homme-là.

Platon, Le Banquet, 215d-e, 216a-c

Et Plutarque confirme.

Bien que Socrate, dans son amour pour Alcibiade,
eût beaucoup de grands rivaux, il le maîtrisait
souvent, parce que ses discours touchaient le bon
naturel du jeune homme, lui remuaient le cœur
et lui faisaient verser des larmes. Mais parfois
aussi Alcibiade s'abandonnait aux flatteurs qui lui
proposaient maints plaisirs et il échappait à Socrate,
qui lui donnait la chasse tout comme à un esclave
fugitif. Socrate était le seul à lui inspirer respect et
crainte ; pour les autres il n'avait que mépris.

Plutarque, Alcibiade, 6, 1

Nul homme n'eut plus d'influence sur Alcibiade que Socrate.

Déjà une foule de gens bien nés se groupait autour d'Alcibiade et lui faisait la cour, mais il était manifeste que leur admiration et leurs hommages ne s'adressaient qu'à son éclatante beauté, tandis que l'amour de Socrate fut un grand témoignage des heureuses dispositions naturelles de l'enfant pour la vertu. Socrate voyait ce naturel transparaître et briller à travers sa beauté physique ; mais, craignant pour lui sa richesse, son rang et la foule de citoyens, d'étrangers et d'alliés qui cherchaient à le circonvenir par leurs flatteries et leurs complaisances, il entreprit de le protéger et de ne pas laisser une telle plante perdre et gâter dans sa fleur le fruit qu'elle devait porter. Et, de fait, il n'est pas d'homme autour de qui la Fortune ait dressé un tel rempart de prétendus biens pour le rendre invulnérable à la philosophie et inaccessible à la mordante franchise de ses discours. Cependant Alcibiade, bien que perverti dès le début et empêché par le cercle de ses flatteurs de prêter l'oreille à qui voulait l'avertir et l'instruire, sut néanmoins, grâce à son heureux naturel, reconnaître la valeur de Socrate, l'admit en sa compagnie et écarta ses admirateurs riches et illustres. Il fit bientôt de lui sa société habituelle et écouta les discours d'un amant qui n'était pas à la poursuite de lâches plaisirs et ne réclamait ni baisers ni caresses, mais lui montrait ce qu'il y avait de gâté dans son âme et rabattait son vain et sot orgueil. Alcibiade alors « se blottit comme un coq vaincu, à l'aile basse »[28]. Et il en vint à penser que l'œuvre de Socrate était réellement une mission dont les dieux l'avaient chargé pour le soin et le salut de la jeunesse. Ainsi, en se méprisant lui-même et en admirant Socrate, dont il aimait la bonté et respectait la vertu, il acquit insensiblement un reflet d'amour, un « amour de retour », comme dit Platon, et tout le monde s'étonna de le voir dîner avec Socrate, lutter et loger sous la tente avec lui, tandis qu'il était dur et intraitable pour ses autres poursuivants.

Plutarque, _Alcibiade_, 4, 1-4

Alcibiade raconte crûment comment il s'est offert à Socrate.

Or, je le croyais sérieusement épris de la beauté de ma jeunesse ; c'était pour moi une aubaine, je le crus, et une chance étonnantes. J'espérais bien, en retour du plaisir que je ferais à Socrate, apprendre de lui tout ce qu'il savait, car j'étais, bien entendu, merveilleusement fier de ma beauté. Dans cette pensée, moi qui d'ordinaire ne me trouvais jamais seul avec lui sans qu'un serviteur fût présent, je renvoyai cette fois-là mon serviteur, et je fus seul avec lui. Je vous dois toute la vérité : alors, écoutez-moi bien, et toi, Socrate, si je mens, reprends-moi. Me voilà

---

28. Citation de Phrynichos, poète tragique.

donc avec lui, mes amis – seul à seul. Je croyais qu'il allait aussitôt me parler comme un amant parle en tête-à-tête à son bien-aimé, et j'étais tout heureux. Or il n'en fut absolument rien. Il me parla comme à l'ordinaire, resta toute la journée avec moi, et s'en alla. [...]

Comme je n'aboutissais à rien par ce moyen, je crus que je devais attaquer mon homme de vive force, et ne pas le lâcher, puisque je m'étais lancé dans cette entreprise : je devais à présent en avoir le cœur net. Je l'invite donc à dîner, tout comme un amant qui tend un piège à son bien-aimé. Même cela il ne mit pas d'empressement à l'accepter. Pourtant, au bout d'un certain temps, il se laissa convaincre. La première fois qu'il vint, il voulut partir après avoir dîné. Alors, j'eus honte, et le laissai s'en aller. Mais je fis une nouvelle tentative ; quand il eut dîné je prolongeai la conversation, sans répit, fort avant dans la nuit, et lorsqu'il voulut se retirer, je fis observer qu'il était tard, et je le forçai à rester.

Il était donc couché sur le lit qui touchait le mien, et où il avait dîné, et personne ne dormait dans l'appartement, que nous deux.

[...]

Ainsi donc, mes amis, quand la lampe fut éteinte, et que les esclaves furent partis, je pensai que je ne devais pas ruser avec lui, mais dire franchement ma pensée. Je dis alors en le poussant :

– Tu dors, Socrate ?

– Pas du tout, répondit-il.

– Sais-tu ce que je pense ?

– Quoi donc au juste ? dit-il.

– Je pense, dis-je, que tu es, toi, un amant digne de moi, le seul qui le soit, et je vois bien que tu hésites à en parler. Pour moi, voici mon sentiment : il est tout à fait stupide, à mon avis, de ne pas te faire plaisir en ceci, comme en toute chose où tu aurais besoin de ma fortune ou de mes amis. Rien en effet ne compte plus à mes yeux que de devenir le meilleur possible, et je pense que dans cette voie personne ne peut m'aider avec plus de maîtrise que toi. Dès lors je rougirais bien plus devant les sages de ne pas faire plaisir à un homme tel que toi, que je ne rougirais, devant la foule des imbéciles, de te faire plaisir.

Il m'écouta, prit son air de faux naïf, tout à fait dans son style habituel, et me dit :

– Mon cher Alcibiade, tu ne dois pas être trop maladroit en réalité, si ce que tu dis sur mon compte est vrai, et si j'ai quelque pouvoir de te rendre meilleur.

Platon, *Le Banquet*, 217-218e

Mais le dénouement n'est pas celui qu'attendait Alcibiade.

J'étendis sur lui mon manteau – c'était l'hiver – je m'allongeai sous son vieux manteau à lui, j'enlaçai de mes bras cet être véritablement divin et merveilleux, et je restai ainsi couché toute la nuit. Sur ce point-là non plus, Socrate, tu ne diras pas que je mens. Tout ce que je fis ainsi montra combien il était le plus fort : il dédaigna ma beauté, il s'en moqua, il lui fit outrage. Là-dessus pourtant j'avais quelque prétention, messieurs les juges – car vous êtes juges de l'outrecuidance de Socrate. Sachez-le bien, je le jure par les dieux, par les déesses, je me levai après avoir dormi aux côtés de Socrate, sans que rien de plus extraordinaire se fût passé, que si j'avais dormi près de mon père ou de mon frère aîné.

Imaginez, après cela, l'état de mon esprit ! D'un côté je me croyais méprisé, de l'autre j'admirais son caractère, sa sagesse, sa force d'âme. J'avais trouvé un être doué d'une intelligence et d'une fermeté que j'aurais crues introuvables. [...]

Sur un seul point je croyais qu'il se laisserait prendre, et voilà qu'il m'avait échappé. Aucune issue ; j'étais asservi à cet homme, nul ne l'avait jamais été de cette façon à personne, et je tournais vainement autour de lui.

Platon, *Le Banquet*, 219b-e

Quant à Socrate, il ne fait pas mystère de ses sentiments, en s'adressant, par exemple, à un interlocuteur.

Nous sommes tous deux épris de deux objets, moi d'Alcibiade, fils de Clinias, et de la philosophie, toi, du Démos[29] athénien et de Démos, fils de Pyrilampe.

Platon, *Gorgias*, 481d

---

29. Jeu de mots, Démōs est un nom propre, il est aussi nom commun et signifie « le peuple ».

Il connaît les défauts d'Alcibiade, notamment son orgueil…

J'ai examiné comment tu te comportais à l'égard de tes admirateurs, et voici ce que j'ai remarqué. Si nombreux et si fiers qu'ils fussent, il n'en est pas un que ta hauteur et ton dédain n'aient rebuté. La raison de cette hauteur, je veux te la dire : tu prétends n'avoir besoin de personne absolument ; ce que tu as en propre te suffit largement, tant pour le corps que pour l'âme. D'abord, tu te dis que tu es très beau et très grand ; et, en cela, tout le monde conviendra que tu ne te trompes pas ; ensuite, que tu appartiens à une des familles les plus entreprenantes de la ville, qui est elle-même la plus grande des cités grecques ; du côté de ton père, tu disposes de beaucoup d'amis et de parents puissants, qui à l'occasion seraient prêts à te servir ; du côté de ta mère, combien d'autres, qui ne sont ni moins nombreux ni moins influents ! Enfin, autre avantage plus considérable, tu as pour toi la puissance de Périclès, fils de Xanthippe, que ton père vous a laissé pour tuteur, à toi et à ton frère ; Périclès, qui peut faire ce qu'il veut, non seulement dans cette ville, mais dans toute la Grèce et chez plusieurs grands peuples barbares. J'ajouterai que tu es au nombre des riches. Mais c'est de quoi tu parais le moins fier. Enorgueilli par tous ces avantages, tu as pris le dessus sur tes admirateurs et ceux-ci, qui se sentaient inférieurs à toi, s'en sont laissé imposer.

Platon, *Alcibiade*, 104a-c

... et son ambition démesurée.

Voici mon idée : si quelque dieu te disait : « Que préfères-tu, Alcibiade ? Continuer à vivre avec ce que tu as maintenant, ou mourir sur l'heure, ne pouvant rien acquérir de plus ? » Oh ! Je crois bien que tu préférerais mourir. Quel est donc l'espoir qui te fait vivre ? Je vais te le dire. Tu penses que si, un de ces jours, tu prends la parole devant le peuple – et tu comptes bien le faire très prochainement – tu convaincras les Athéniens, du premier coup, que tu mérites bien plus de considération que Périclès ou tout autre avant lui, et tu te dis que, dès lors, tu seras tout puissant dans cette ville. Et si tu es puissant chez nous, tu le seras aussi chez les autres Grecs ; que dis-je ? Non seulement chez les Grecs, mais encore chez les barbares qui habitent le même continent que chez nous. Seulement, si le même dieu te disait qu'il ne te sera pas donné de passer en Asie ni de rien entreprendre là-bas, j'imagine qu'à ces conditions-là même tu ne voudrais pas vivre, ne pouvant remplir presque toute la terre de ton nom et de ta puissance. Oui, je crois qu'à l'exception de Cyrus et de Xerxès, aucun homme ne te paraît avoir été vraiment digne de considération. Telles sont tes espérances ; je ne le soupçonne pas ; j'en suis sûr.

Platon, Alcibiade, 105a-c

Mais il peut lui être utile.

Mais peut-être me demanderas-tu, sachant bien que je dis vrai : « Quel rapport, Socrate, entre tout ceci et ce que tu voulais me dire de ton obstination à ne pas me quitter ? » Je te répondrai donc : « Cher fils de Clinias et de Dinomachè, c'est qu'il est impossible que tu réalises sans moi tous ces projets, tant est grande la puissance dont je crois disposer pour tes intérêts et sur ta personne. Ainsi s'explique, si je ne me trompe, que le dieu depuis si longtemps m'ait empêché de te parler, ou que j'aie attendu, moi, sa permission. »

Platon, *Alcibiade*, 105d

A-t-il rendu Alcibiade meilleur ? Xénophon met en doute qu'Alcibiade ait fréquenté Socrate pour sa valeur morale, comme Critias qui fut à Athènes l'un des Trente tyrans, lui aussi disciple de Socrate.

Ces deux hommes étaient donc par nature les plus ambitieux de tous les Athéniens : ils désiraient que tout s'accomplît grâce à eux et que leur renommée surpassât celle de tout le monde. Or ils savaient que Socrate menait, avec le moins de biens possible, une vie des plus autarciques, qu'il avait une parfaite maîtrise de lui-même à l'égard de tous les plaisirs, et qu'il disposait à sa guise, par ses arguments, de tous ceux qui s'entretenaient avec lui. Étant donné qu'ils étaient au courant de cela et qu'ils étaient comme je les ai dépeints, peut-on dire que c'est parce qu'ils aspiraient au mode de vie de Socrate, et à la modération qui était la sienne, qu'ils ont recherché sa compagnie ? N'est-ce pas plutôt parce qu'ils ont cru que, s'ils le fréquentaient, ils s'assureraient la plus grande compétence en vue des discours et de l'action ? Pour ma part, je crois que si un dieu leur avait offert cette alternative – ou bien vivre toute leur vie comme ils voyaient Socrate vivre la sienne, ou bien mourir –, ils auraient tous deux préféré mourir. Ils l'ont prouvé par leur conduite ; en effet, aussitôt qu'ils se crurent supérieurs à ceux qui le fréquentaient, ils laissèrent tomber Socrate pour faire de la politique, ce qui était précisément l'objectif en vue duquel ils avaient recherché la compagnie de Socrate.

Xénophon, *Mémorables*, 1, 2, 14-16

Mais Plutarque souligne, lui, l'influence bienfaisante de Socrate sur Alcibiade.

Comme le fer amollit au feu ou durcit de nouveau sous l'action du froid qui en contracte les éléments, de même, toutes les fois que Socrate reprenait en main Alcibiade tout gonflé de sensualité et d'orgueil, il le réprimait et le réduisait par ses paroles de manière à le rendre humble et modeste, en lui montrant l'importance des qualités qui lui manquaient et des imperfections qui le retenaient loin de la vertu.

Plutarque, *Alcibiade*, 6, 5

*En outre, Alcibiade a su profiter des leçons de dialecti-
que de son maître. En témoigne cet étonnant dialogue qu'à
moins de 20 ans, il mène avec Périclès.*

Ainsi raconte-t-on, qu'Alcibiade, avant même d'avoir
vingt ans, eut avec Périclès, qui était son tuteur et le
dirigeant de la cité, l'échange suivant au sujet des lois :

— Dis-moi Périclès, demanda-t-il, pourrais-tu
m'enseigner ce qu'est une loi ?

— Tout à fait, répond Périclès.

— Apprends-le-moi donc, par les dieux, demanda
Alcibiade, car lorsque j'entends les louanges que
l'on adresse à certains hommes, parce qu'ils sont
respectueux des lois, j'en viens à penser que celui
qui ne sait pas ce qu'est la loi ne mériterait pas à
bon droit cet éloge.

— Mais tu ne désires rien de bien difficile,
Alcibiade, si tu cherches à savoir ce qu'est une loi,
répondit Périclès. En effet tout ce que le peuple,
après s'être rassemblé et avoir procédé à un examen,
a couché par écrit, en indiquant ce que l'on doit faire
ou non, est une loi.

— Et est-ce le bien ou le mal qu'il considère que
l'on doit faire ?

— Le bien par Zeus, jeune homme, et non le mal,
répondit-il.

— Et s'il arrive que ce n'est pas le peuple, mais,
comme dans une oligarchie, quelques hommes qui,
après s'être rassemblés, ont édicté ce qu'il faut faire,
de quoi s'agit-il ?

— Tout ce que le détenteur du pouvoir dans la cité a, après délibération, édicté que l'on doit faire, est appelé une loi, répondit Périclès.

— Et si c'est un tyran qui exerce le pouvoir dans la cité et qui édicte aux citoyens ce qu'ils doivent faire, est-ce également une loi ?

— Pareillement, répondit-il, tout ce que le tyran édicte alors qu'il gouverne, est aussi appelé une loi.

— Mais, Périclès, demanda-t-il, en quoi consistent la force et l'illégalité ? N'est-ce pas lorsque le plus fort a recours, non pas à la persuasion, mais à la force pour contraindre le plus faible de faire tout ce que bon lui semble ?

— C'est du moins mon avis, répondit Périclès.

— Par conséquent, tout ce qu'un tyran contraint par édit ses concitoyens de faire, sans les avoir gagnés par la persuasion, constitue une illégalité ?

— C'est mon avis, répondit Périclès. Je retire en effet mon affirmation selon laquelle tout ce que le tyran édicte en n'usant pas de persuasion constitue une loi.

— Et tout ce qu'une minorité édicte, non pas après avoir persuadé la majorité, mais en la dominant, affirmerons-nous, oui ou non, que c'est violence ?

— À mon avis, répondit Périclès, tout ce que l'on contraint quelqu'un de faire, sans l'avoir gagné par la persuasion, et que l'édit soit écrit ou non, est de la violence plutôt qu'une loi.

— De même, par conséquent, tout ce que le peuple, alors qu'il exerce sa domination sur ceux qui détiennent les richesses, édicte tout en n'usant pas de persuasion, serait de la violence plutôt qu'une loi ?

— Fort bien Alcibiade, répondit Périclès ; nous aussi, à ton âge, étions redoutables dans ce genre de discussions. En effet, nous aussi nous nous exercions et nous rivalisions de subtilités dans ce genre de discussions où j'ai l'impression que tu t'exerces maintenant à ton tour.

Et Alcibiade de répliquer :

— Ah ! Périclès, si seulement j'avais pu te fréquenter alors que tu te surpassais toi-même en ces matières !

Xénophon, *Mémorables*, 1, 2, 40-46

LES DÉBUTS POLITIQUES

420-417

Alcibiade a 19 ans quand éclate, en 432, la guerre du Péloponnèse entre Athènes et Sparte, dans laquelle la plupart des cités grecques vont se trouver impliquées. Cette guerre durera pratiquement jusqu'en 404 et Athènes va subir de rudes épreuves, comme la peste de 429, dont périra Périclès. C'est dans ce contexte difficile que se déroulera la carrière politique d'Alcibiade, dont les débuts furent plutôt pittoresques.

Son entrée dans la vie publique eut lieu, dit-on, à l'occasion d'une contribution volontaire et ne fut pas préméditée. Il passait, quand il entendit de bruyantes manifestations dans l'assemblée du peuple. Il demanda la cause de ce bruit. Ayant appris qu'il s'agissait de dons faits à l'État, il monta à la tribune et offrit sa contribution. Le peuple applaudit et poussa des cris de joie, si bien qu'Alcibiade oublia la caille qu'il tenait sous son manteau. Celle-ci, effrayée, s'échappa. Là-dessus, les Athéniens redoublèrent leurs cris et beaucoup se levèrent pour s'élancer à la poursuite de l'oiseau. Ce fut Antiochos, le pilote, qui la prit et la lui rendit. Aussi devint-il très cher à Alcibiade.

Il trouva les portes de la carrière politique grandes ouvertes devant lui, grâce à sa naissance, à sa richesse, à sa bravoure dans les combats et au grand nombre de ses amis et de ses proches.

Plutarque, *Alcibiade*, 10, 1-3

En 425, à 26 ans, il est nommé à la commission des Dix, chargée de revoir le montant de la contribution versée chaque année par les alliés à Athènes.

D'abord il vous persuada de fixer de nouveau le tribut des alliés qu'Aristide[30] avait établi le plus justement du monde. Chargé de ce règlement avec neuf autres citoyens il porta le tribut à peu près au double pour chacune des cités alliées, et ayant ainsi montré quel homme redoutable et puissant il était, il sut des deniers publics se ménager des revenus personnels. Voyez si personne ne pourrait faire un mal plus grand que celui-là : alors que notre sauvegarde nous venait entièrement des alliés qui, sans conteste, étaient alors en moins bonne situation qu'auparavant, il doublait le tribut pour chacun d'eux !

Andocide, *Contre Alcibiade*, 11

Les motivations d'Alcibiade sont sans doute plus nobles. Il s'agit de renforcer les moyens financiers d'Athènes à un moment important. En 421, après une défaite spartiate à Pylos, une paix a été conclue entre Sparte et Athènes, dite Paix de Nicias, stratège athénien et homme politique de premier plan. Se méfiant d'une paix qui laisse les mains

---

30. Général et homme d'État athénien (540-468).

libres aux deux «grands», la cité d'Argos va tenter de
fédérer les villes du Péloponnèse pour constituer une troisième
force en fait hostile à Sparte. Dès le début, Alcibiade joue
la carte argienne.

Parmi eux, il y avait, entre autres, Alcibiade, fils
de Clinias ; son âge faisait de lui encore un jeune
homme, selon les critères admis ailleurs, mais le
renom de ses ancêtres lui valait de la considération.
Et sans doute était-ce bel et bien son avis qu'il valait
mieux se rapprocher d'Argos ; mais une ambition,
due à l'orgueil, lui dictait aussi son opposition ; car
les Spartiates avaient négocié le traité en passant par
Nicias et Lachès : ils l'avaient négligé, lui, à cause
de sa jeunesse, et ne lui avaient pas accordé une
considération en rapport avec l'ancienne proxénie[31] du
passé, à laquelle son grand-père avait renoncé, mais
que lui-même songeait à renouveler en s'occupant
des Spartiates faits prisonniers dans l'île. Jugeant
donc, à tous égards, sa place méconnue, il avait dès
le début émis des protestations, déclarant que Sparte
n'était pas sûre : elle voulait, grâce à son traité avec
eux, abattre Argos, pour se retourner ensuite contre
une Athènes isolée, et ne traitait, selon lui, que pour
cela ; de même alors, une fois le différend intervenu,
il s'empressa d'envoyer un message privé à Argos,
invitant les gens de cette ville à se présenter au plus

31. Un proxène était un citoyen Athénien qui représentait à
Athènes les intérêts d'une cité étrangère et de ses ressortissants. Les
ancêtres d'Alcibiade avaient été proxènes de Sparte.

tôt avec des Mantinéens et des Éléens[32] pour offrir leur alliance : le moment, disait-il, était bon et lui-même servirait leur cause de toutes ses forces.

Thucydide, *Guerre du Péloponnèse*, 5, 43, 2-3

Les Argiens envoient des ambassadeurs à Athènes. Les Spartiates aussi. C'est alors qu'Alcibiade tente de faire échouer la tentative de paix avec Sparte.

Des ambassadeurs arrivèrent de Sparte, apportant des propositions raisonnables et déclarant qu'ils avaient pleins pouvoirs pour conclure tout accord équitable. Le Conseil les reçut, et le peuple devait se réunir en assemblée le lendemain. Alcibiade, inquiet, se ménagea une entrevue particulière avec les ambassadeurs. Lors de cette réunion, il leur dit :

– À quoi pensez-vous, Spartiates ? Ignorez-vous que, si le Conseil est toujours modéré et courtois envers ceux à qui il donne audience, l'assemblée du peuple, elle, est très fière et pleine de grandes prétentions ? Si vous dites que vous êtes venus avec les pleins pouvoirs, elle n'observera aucune mesure dans ses injonctions et ses exigences. Allons donc ! ne soyez plus si naïfs : si vous voulez trouver les Athéniens modérés et ne rien vous laisser extorquer contre votre volonté, discutez du règlement qui vous paraît juste en hommes qui ne disposent pas des pleins pouvoirs, et moi, je vous seconderai pour

32. Mantinée et Elis étaient deux cités du Péloponnèse, alliées à Sparte, mais qui vont suivre Argos dans son rapprochement avec Athènes.

faire plaisir aux Spartiates.

Il confirma ces paroles par un serment et les éloigna ainsi de Nicias. Ils avaient en effet une entière confiance en lui, admiraient son habileté et son intelligence, et le regardaient comme un homme exceptionnel.

Le lendemain le peuple s'assembla et les ambassadeurs se présentèrent. Alcibiade leur demanda, du ton le plus courtois, avec quels pouvoirs ils étaient venus. Ils répondirent qu'ils n'avaient pas les pleins pouvoirs. Aussitôt Alcibiade se déchaîna contre eux avec des cris de colère, comme s'il était, non pas l'auteur, mais la victime d'un mauvais procédé, les traitant de gens sans foi, de fourbes, venus pour ne rien faire et ne rien dire de bon ! Le Conseil s'indigna, le peuple se fâcha et Nicias fut décontenancé et atterré du changement d'attitude des ambassadeurs ; il ignorait la tromperie et la ruse dont ils étaient victimes.

Plutarque, *Alcibiade*, 14, 6-12

Nicias, s'étant engagé à obtenir la restitution de places fortes prévues par le traité de paix, part à Sparte mais revient bredouille. Le parti de la paix est désormais affaibli, ce qui va renforcer la position d'Alcibiade.

Et, à son retour, quand les Athéniens apprirent qu'on n'avait rien conclu à Sparte, ils le prirent aussitôt avec colère et, se jugeant lésés, ils profitèrent de ce que les Argiens et leurs alliés se trouvaient là,

introduits par Alcibiade, pour conclure avec eux
traité de paix et alliance.

Thucydide, 5, 46, 5

*Chaque année, les Athéniens élisent dix stratèges
rééligibles pour diriger l'armée. C'était la seule charge
publique qui relevait d'une élection. Les responsables
politiques étaient tirés au sort.*

*Alcibiade est, pour la première fois, élu stratège en
420, à 31 ans.*

Le même été, également, Alcibiade, fils de Clinias,
qui était stratège à Athènes, agissant en liaison avec
les Argiens et leurs alliés, passa dans le Péloponnèse
avec quelques hoplites et archers athéniens auxquels
il joignit des troupes fournies sur place par les alliés,
et prit diverses mesures d'organisation pour l'alliance,
en parcourant le Péloponnèse avec son armée ; entre
autres, il décida les gens de Patrai à construire des
murs menant à la mer, et lui-même méditait de
dresser d'autres fortifications sur le Rhion[33] d'Achaïe ;
mais les Corinthiens, les Sicyoniens et tous ceux à qui
de tels travaux de fortification portaient préjudice
vinrent l'en empêcher.

Thucydide, 5, 52, 2

33. Promontoire célèbre d'Achaïe, province du Nord du
Péloponnèse.

L'aide apportée aux Argiens est insuffisante et, en 418, Sparte inflige à Argos une défaite à Mantinée. À Argos, la démocratie est même renversée. Mais, en 417, le parti populaire prend sa revanche.

D'autre part, le parti populaire à Argos, se regroupant peu à peu et ayant repris confiance, s'attaqua aux oligarques ; il avait guetté pour cela le moment même des gymnopédies[34] à Sparte. On se battit dans la ville et le parti populaire l'emporta : il tua ou exila ses adversaires.

Thucydide, 5, 82, 2

Et Alcibiade est à ses côtés.

Alcibiade gagna Argos avec vingt navires ; il s'empara des Argiens qui semblaient encore suspects et partisans de Sparte, soit trois cents personnes, que les Athéniens placèrent en résidence dans les îles voisines faisant partie de leur empire.

Thucydide, 5, 84, 1

Cette première partie de sa carrière n'est pas couronnée de grands succès. Pourtant, il semble qu'il y ait acquis un certain prestige.

Il faut regarder le temps antérieur, voir ce qu'il était pour le peuple avant son exil, voir qu'avec deux cents hoplites[35] il a enlevé aux Spartiates et

---

34. Fête annuelle à Sparte, célébrée par des danses.
35. Fantassins à l'armement lourd.

amené dans votre alliance les plus grandes villes
du Péloponnèse, voir à quels dangers il a exposé
l'ennemi.

Isocrate, *Sur l'attelage*, 15

*Et surtout, il a permis de conclure avec Argos une
alliance qui ne se démentira pas, même aux pires heures
que connaîtra Athènes à la fin du siècle.*

*En 417, Alcibiade est menacé, tout comme Nicias, le
chef du parti aristocratique. Il s'en tire avec habileté. Une
jolie partition jouée à deux.*

Au plus fort du conflit entre Nicias et Alcibiade,
la procédure de l'ostracisme[36] fut engagée. C'était
là une coutume du peuple qui, de temps à autre,
bannissait pour dix ans par un vote inscrit sur
des tessons[37] un des citoyens suspects ou jalousés
simplement pour leur renommée ou pour leur
richesse. L'émotion et le risque étaient grands pour
les deux partis, car il semblait certain que l'un
des deux rivaux serait frappé par l'ostracisme. Le
genre de vie que menait Alcibiade faisait horreur,
et son audace était redoutée. Quant à Nicias, il
était envié pour sa richesse ; et détesté pour ce
que son comportement avait d'insociable et de
peu démocratique, tandis que son abord difficile

---

36. « L'ostracisme n'était pas le châtiment d'un crime. On
désignait sous ce nom l'abaissement et l'amoindrissement
d'un homme dont l'importance et l'autorité étaient lourdes à
porter. » Plutarque, *Aristide*, 7, 2.

37. *Ostraca.*

et son allure aristocratique paraissaient étranges. Il résistait souvent aux caprices des Athéniens, et, dans leur intérêt, faisait violence à leur opinion, de sorte qu'il leur était à charge. En un mot, il y avait opposition entre les jeunes, partisans de la guerre, et les vieux, partisans de la paix ; les uns dirigeaient leur tesson d'ostracisme contre Nicias, et les autres contre Alcibiade. Mais :

« En temps de sédition même le scélérat peut atteindre aux honneurs »,

Et c'est ainsi qu'à ce moment-là aussi le peuple divisé en deux factions laissa le champ libre aux plus effrontés coquins ; de ce nombre était Hyperbolos, du dème Périthoïde, un homme qui ne tirait pas son audace de sa puissance, mais qui avait conquis de la puissance par son audace et qui, par la renommée dont il jouissait à Athènes, était devenu la honte de la ville. Cet homme se croyait alors bien à l'abri de l'ostracisme, parce qu'il était plutôt justiciable du carcan[38], et il espérait que, si l'un des deux rivaux était banni, il serait de taille à lutter contre celui qui resterait. C'est pourquoi il se réjouissait ostensiblement de leur différend et excitait le peuple contre l'un et l'autre. Dans ces conditions, Nicias et Alcibiade, constatant sa malignité, se mirent secrètement en rapport l'un avec l'autre et réunirent leurs deux partis en un seul bloc, si bien que ce ne

---

38. Peine infligée aux esclaves. On attachait le condamné par un collier de fer au poteau d'exposition.

fut aucun des deux, mais Hyperbolos que frappa
l'ostracisme.

[...]

Et finalement personne ne fut plus jamais ostracisé
après Hyperbolos, qui fut le dernier, le premier ayant
été Hipparque de Cholarges[39], qui était apparenté
au tyran.

Plutarque, *Nicias*, 11, 1-8

---

39. Apparenté à Pisistrate, tyran d'Athènes au VIe siècle.

L'EXPÉDITION DE SICILE

En 415, les Athéniens vont se lancer dans une grande aventure.

Ce même hiver, à Athènes, on voulait passer à nouveau en Sicile pour la soumettre, si l'on pouvait. La plupart des Athéniens n'avaient pas idée de la grandeur de ce pays ni du nombre de ses habitants, grecs et barbares ; et ils ne se rendaient pas compte qu'ils soulevaient une guerre à peine inférieure en importance à celle contre le Péloponnèse.

Thucydide, 6, 1, 1

La Sicile connut de nombreuses migrations. À côté des Sicanes et des Sikèles, les habitants les plus anciens, on compte de nombreuses colonies grecques, dont Syracuse fondée par des Corinthiens, donc par des Doriens. L'origine ethnique jouait un grand rôle dans les choix politiques des colonies. Les cités fondées par des Doriens étaient généralement du côté des Spartiates, les cités d'origine ionienne étaient le plus souvent favorables à Athènes.

Les Athéniens étaient déjà intervenus en 426.

À la fin du même été, les Athéniens envoyèrent vingt navires en Sicile avec Lachès, fils de Mélanopos, comme stratège, ainsi que Charoïadès, fils d'Euphilétos.

Une guerre avait éclaté entre les Syracusains et les Léontins. Leurs alliés étaient, pour Syracuse, toutes les villes doriennes sauf Camarine : elles s'étaient initialement rangées dans l'alliance spartiate au début de la guerre, mais n'avaient pourtant pas participé à celle-ci ; pour Léontinoi, les villes chalcidiennes et Camarine ; en Italie, Locres était avec Syracuse, et Rhégion avec Léontinoi en vertu de leur commune origine. Léontinoi et ses alliés envoyèrent une ambassade à Athènes pour persuader les Athéniens, en vertu de leur ancienne alliance et puisqu'ils étaient des Ioniens, de leur envoyer des navires ; car Syracuse leur interdisait et la terre et la mer. De fait, les Athéniens en envoyèrent, sous couvert de leur parenté, mais en réalité parce qu'ils voulaient que le Péloponnèse ne reçût pas de blé de là-bas et parce qu'ils faisaient un essai préalable pour voir s'il leur était possible de se soumettre la situation en Sicile. Ils s'établirent donc en Italie, à Rhégion, d'où ils menèrent la guerre avec leurs alliés, tandis que l'été finissait.

Thucydide, 3, 86, 1-5

Mais ils n'avaient guère remporté de succès.

L'hiver suivant, les Athéniens de Sicile s'avancèrent avec leurs alliés grecs et tous les Sikèles qui, soumis de force aux Syracusains et rattachés à leur alliance, les avaient abandonnés pour faire la guerre du côté athénien ; ils donnèrent l'assaut à la place sikèle d'Inessa, dont les Syracusains tenaient l'acropole, et repartirent sans avoir pu la prendre. Dans cette retraite, les alliés, qui formaient l'arrière-garde des Athéniens, furent attaqués par les Syracusains du fort, dont l'élan mit une partie des troupes en déroute et fit bon nombre de morts.

Thucydide, 3, 103, 1-2

Il y a des raisons alléguées.

Leur véritable motif était le désir qu'ils avaient de soumettre la Sicile tout entière ; mais ils voulaient en même temps, par un prétexte spécieux, porter secours à leurs frères de race et aux alliés qu'ils s'étaient acquis. Rien cependant ne les détermina davantage, que la présence à Athènes d'envoyés d'Égeste, qui invoquaient instamment leur aide. Voisins de Sélinonte, les Égestains étaient, en effet, entrés en conflit avec cette ville, tant pour des questions de mariage que pour un territoire dont la propriété était contestée, et les Sélinontins, qui avaient appelé Syracuse comme alliée, les soumettaient, sur terre et sur mer, à une guerre sans répit. Par suite, invoquant l'alliance conclue au temps de Lachès et de la guerre précédente, les Égestains demandaient aux Athéniens d'envoyer des navires à leur secours. Leur principal argument, entre beaucoup d'autres, était que, « si les Syracusains, après avoir mis les Léontins dehors, devaient rester impunis, et, après avoir détruit les derniers alliés qu'Athènes avait encore, demeurer eux-mêmes maîtres de toutes les forces siciliennes, ils risquaient de venir un jour, avec de puissants armements, soutenir, en tant que Doriens, des Doriens auxquels les liait la parenté de race, et aussi, en tant que colons, le Péloponnèse qui était leur mère-patrie, et aider à jeter bas, à son tour, la puissance athénienne ; qu'au contraire, la sagesse était pour Athènes d'aller, avec ce qu'elle avait encore d'alliés, tenir tête aux Syracusains, surtout qu'alors Égeste fournirait elle-même des fonds suffisants pour la guerre ».

À force d'entendre, dans les assemblées, ces idées fréquemment exprimées par les Égestains et par les orateurs qui soutenaient leur cause, les Athéniens décrétèrent, pour commencer, l'envoi de députés à Égeste, avec la double mission de vérifier si les fonds annoncés se trouvaient bien, comme on le leur disait, tant dans les caisses de l'État que dans celles des sanctuaires, et de se renseigner en même temps sur le point où en étaient les hostilités avec Sélinonte.

Thucydide, 6, 6, 1-3

Mais, plus tard, réfugié à Sparte, Alcibiade donnera aux Spartiates d'autres raisons.

Nous sommes partis pour la Sicile, d'abord, pour tenter de soumettre les Siciliens, et après eux les Italiens à leur tour ; ensuite, afin de faire une tentative contre l'empire carthaginois et Carthage elle-même. Que ce projet réussît, soit complètement, soit même en majeure partie, nous nous attaquions alors au Péloponnèse, ramenant d'abord en totalité les forces grecques que nous nous étions adjointes là-bas, puis de nombreux barbares que nous prenions à notre solde, Ibères et autres, reconnus comme étant, parmi les barbares de là-bas, les plus belliqueux, enfin des trières que nous construisions en quantité en plus des nôtres, grâce au bois abondant d'Italie. Avec elles, nous tenions le Péloponnèse assiégé de toutes parts ; en même temps, les forces d'infanterie y faisaient des poussées sur terre, et nous emportions ses villes de force, ou bien dressions contre elles des fortifications : nous espérions donc, par la guerre, réduire aisément, le Péloponnèse et, après cela, étendre notre empire à la Grèce tout entière. Quant à l'argent et aux vivres pour nous aider dans l'exécution de ces projets, les territoires que nous nous serions adjoints là-bas devaient, sans qu'on eût à toucher aux revenus de Grèce, nous les fournir largement.

Thucydide, 6, 90, 2-4

En tout cas, Alcibiade joue, dans cette affaire, un rôle majeur.

Du vivant même de Périclès, les Athéniens convoitaient la Sicile. Ils se mirent à l'œuvre après sa mort et, chaque fois qu'un peuple de Sicile était maltraité par les Syracusains, ils lui envoyaient, comme à un allié, ce qu'ils appelaient des secours, posant ainsi en réalité des pierres d'attente pour une plus grande expédition. Mais celui qui acheva d'enflammer leur désir et leur persuada d'entreprendre la conquête entière de l'île, non plus par morceaux et petit à petit, mais en mettant à la mer une grande flotte, ce fut Alcibiade ; il inspira au peuple de vastes espoirs et il avait pour son compte des visées plus hautes encore, car, en raison des espérances qu'il avait formées, il concevait l'expédition de Sicile comme un commencement, et non, à la manière dont la considéraient les autres, comme une fin en soi. Nicias, au contraire, sentant que la prise de Syracuse était une affaire difficile, cherchait à en détourner le peuple ; mais Alcibiade, qui rêvait de Carthage et de la Libye, et qui, fort de ces conquêtes une fois réalisées, se jugeait dès lors capable de dominer l'Italie et le Péloponnèse, ne voyait guère dans la Sicile qu'une source d'approvisionnements pour la guerre. Les jeunes, tout de suite exaltés par ces espérances, étaient déjà gagnés à son avis, et ils écoutaient leurs aînés, qui leur racontaient force merveilles sur l'expédition, en sorte que beaucoup d'Athéniens, assis dans les palestres[40] et les hémicycles[41], dessinaient la forme de l'île et la position de la Libye et de Carthage.

Plutarque, *Alcibiade*, 17, 1-5

Et Cornélius Népos le confirme.

Au cours de la guerre du Péloponnèse, ce fut Alcibiade qui, par ses avis et son influence, détermina

40. Lieu public où l'on s'exerçait à la lutte.
41. Les théâtres.

les Athéniens à déclarer la guerre aux Syracusains et la conduite de cette affaire fut confiée à lui en personne ; on lui adjoignit deux collègues, Nicias et Lamachos.

Cornélius Népos, *Alcibiade*, 3, 1

Le débat sur l'expédition sera marqué par un grand affrontement entre Alcibiade, favorable à l'expédition, et Nicias qui avait une opinion contraire. Tout opposait ces deux hommes, leur ambition, leur personnalité et leur âge, Nicias avait une vingtaine d'années de plus qu'Alcibiade qui en avait alors 36, et était plus introverti qu'Alcibiade.

Et de fait, la gravité de Nicias n'avait rien d'austère ni de rebutant ; elle était tempérée par une sorte de timidité, et il plaisait au peuple en raison même de la crainte qu'il semblait en avoir. Il était timoré de nature et enclin à attendre toujours le pire. À la guerre, sa pusillanimité était dissimulée par sa chance, car il réussissait également dans toutes ses expéditions ; en politique, sa peur des rumeurs et son désarroi en face des sycophantes[42] contribuaient à sa popularité, et son influence était considérable grâce à la faveur de la foule qui craint ceux qui la dédaignent et élève ceux qui la craignent ; car elle se sent très honorée quand elle n'est pas méprisée des grands.

Plutarque, *Nicias*, 2, 4

42. Nom donné à ceux qui dénonçaient les fraudes de leurs concitoyens et qui, recevant une prime pour leur dénonciation, étaient fort
nombreux à Athènes.

Débarrassé du démagogue Cléon, très va-t-en-guerre,
Nicias va rencontrer sur sa route Alcibiade.

Telle était la nature d'Alcibiade : il versait dans
les deux sens avec force et éclat, et il engagea de
grandes innovations. Aussi Nicias, même quand il
fut débarrassé de Cléon[43], ne trouva pas le moyen
de rendre à la ville un repos et un calme complets,
mais, après avoir remis la marche des affaires dans
la voie du salut, il fut écarté de ce droit chemin et
rejeté dans la guerre par l'impétueuse et violente
ambition d'Alcibiade.

Plutarque, *Nicias*, 9, 1-2

À l'Assemblée du Peuple, leur face à face se traduit par
deux discours majeurs reconstitués par Thucydide.
Nicias attaque d'abord les motivations inavouées d'Al-
cibiade, son ambition effrénée et l'insouciance de la jeunesse.
Remarquons qu'à l'époque, Alcibiade a 36 ans.

– Que si, enfin, quelqu'un, tout joyeux d'avoir
été choisi pour commander, vous conseille de
faire l'expédition – en ne considérant que son seul
avantage, d'autant qu'il est trop jeune encore pour
exercer le commandement : ce qu'il veut, c'est étonner
par le luxe de son écurie et trouver dans l'exercice
de sa charge de quoi l'aider à couvrir ses énormes
dépenses – à celui-là non plus, n'allez pas fournir

---

43. Démagogue athénien. Stratège, il périt à la bataille d'Amphipolis en 422.

l'occasion de vivre de façon ostentatoire au péril de la cité, mais dites-vous que les gens de cette sorte font tort à l'intérêt de l'État et ruinent leur situation personnelle, qu'en plus l'affaire est grave et n'admet pas que des jeunes décident d'elle en la conduisant hâtivement.

Pour ma part, quand je vois cette jeunesse siéger ici aujourd'hui sur l'appel de ce même personnage, je m'effraie ; et je fais en revanche appel aux hommes d'âge : qu'ils ne rougissent pas, s'il en est qui siègent auprès d'un d'entre eux, de passer pour lâches en ne votant pas la guerre ; qu'ils ne cèdent pas davantage à l'appétit malsain des choses lointaines – ignorent-ils que rien ne réussit plus rarement que la passion, et plus souvent que la prévoyance ? Au contraire, dans l'intérêt de leur patrie, convaincus qu'elle n'a jamais joué plus périlleuse partie, qu'ils lèvent la main contre le projet ; qu'ils ne votent que, si les Siciliens s'en tiennent avec nous à leurs frontières actuelles, parfaitement acceptables – golfe d'Ionie pour qui suit les côtes, golfe de Sicile pour qui traverse directement – maîtres chez eux, ils régleront entre eux aussi leurs différends.

Thucydide, 6, 12, 2 ; 13, 1

Alcibiade riposte, en refusant de dissocier ses intérêts de ceux de la cité.

– Plus que tout autre, j'ai des droits, Athéniens, à exercer le commandement – c'est bien mon droit

de commencer par là, puisque Nicias m'a pris à
partie – et j'estime en même temps que j'y ai des
titres, puisque les actes qui valent tant de reproche
contre moi, s'ils nous procurent, à mes ancêtres et à
moi-même, de la gloire, ont de plus, pour ma patrie,
leur utilité.

Devant l'éclat exceptionnel de ma participation
aux fêtes olympiques, les Grecs ont même exagéré la
puissance de notre cité, qu'auparavant ils croyaient
anéantie par la guerre : j'avais lancé sept chars dans
l'arène – plus qu'aucun particulier encore jusque-
là ; – j'avais eu, avec la victoire, et la seconde et la
quatrième place ; j'avais enfin, pour tout le reste,
pris des dispositions qui répondaient à cette victoire.
Si l'usage peut ne voir là que des titres d'honneur,
la manifestation de fait laisse aussi, du même coup,
transparaître la puissance. D'un autre côté, tout ce
que je dépense, dans la cité, par mes chorégies[44] ou
autrement peut bien être par nature objet de jalousie
pour mes compatriotes, les étrangers, eux, voient là
encore de la force. Elle est loin d'être inutile, la folie
de qui, à ses propres dépens, sert non seulement ses
intérêts, mais aussi la cité ; et ce n'est pas non plus
un crime, quand on a de soi une haute opinion,
que de refuser d'être l'égal d'autrui, puisque aussi
bien celui qui ne réussit pas ne rencontre personne
pour partager sa disgrâce. Maltraités par la fortune,
on nous tourne le dos : qu'on ne trouve donc pas

44. Voir note 8, p. 16.

mauvais d'être méprisé par ceux qui réussissent, ou bien qu'on fasse d'abord part égale, si l'on prétend à la réciproque. Je sais que les hommes de cette sorte, comme tous ceux qui, en quelque domaine, ont brillé hors du commun, si, de leur vivant, ils sont à charge aux autres — à leurs pareils avant tout, mais à tous ceux aussi avec qui ils se trouvent en relations — n'en laissent pas moins, parmi les générations suivantes, à quelques-uns la prétention, même inexacte, de leur être apparentés, et à la patrie qui fut la leur la fierté de les revendiquer comme étant non pas des étrangers ou des gens fourvoyés, mais des hommes à elle, dont les actes furent grands.

Thucydide, 6, 16, 1-5

Au niveau politique, le projet est-il raisonnable ? Le point de vue de Nicias, qui est farouchement contre.

— Je soutiens, en effet, que ce que vous désirez, c'est, en fait, laisser derrière vous en Grèce de nombreux ennemis, pour aller là-bas vous en faire d'autres et les attirer à leur tour ici. Peut-être aussi vous imaginez-vous que les traités que vous avez conclus ont quelque solidité ; et, sans doute, tant que vous ne bougerez pas, ces traités subsisteront-ils de nom — tel est, en effet, l'état où certains individus, chez nous comme chez l'adversaire, ont mis les choses ; — mais que nous subissions un échec quelconque avec des forces peu importantes, et tout de suite nos ennemis prendront l'offensive. Car, d'abord, ces ennemis n'en

sont venus à une entente qu'à la suite d'événements
fâcheux, dans des conditions plus humiliantes pour
eux que pour nous, par nécessité ; ensuite, en dépit
même de l'entente, il reste entre eux et nous bien
des points litigieux. Quelques peuples même, parmi
eux, et non des moindres, se sont jusqu'à présent
refusés à l'accord conclu : les uns nous combattent
ouvertement, d'autres ne restent eux-mêmes tenus
par des trêves soumises à la clause de dix jours que
parce que les Spartiates ne bougent pas encore. Qui
sait si, peut-être, surprenant nos forces divisées – et
c'est à quoi va notre empressement – ils ne tomberont
pas résolument sur nous avec ces Siciliens, dont par
le passé ils auraient prisé l'alliance au-dessus de
beaucoup d'autres ? Dans ces conditions, on doit
considérer les choses, et ne pas prendre sur soi de
mettre la cité en péril quand elle est loin du port, ni
aspirer à un nouvel empire avant d'avoir consolidé
le nôtre, s'il est de fait que les Chalcidiens de la côte
thrace, depuis tant d'années en dissidence, échappent
encore à notre pouvoir, et que, çà et là, dans les pays
continentaux, d'autres peuples n'obéissent que d'une
façon douteuse. Mais nous, c'est aux Égestains, des
alliés, que, prêtant le titre de victimes, nous nous
pressons de porter secours, alors que, victimes nous-
mêmes de peuples depuis longtemps en dissidence,
nous hésitons encore à leur répondre !

Thucydide, 6, 10, 1-5

Réplique d'Alcibiade, au nom du principe de précaution.

— Que pourrions-nous, dès lors, raisonnablement alléguer, soit vis-à-vis de nous-mêmes pour reculer, soit comme excuse devant nos alliés de là-bas pour refuser de les secourir ? Engagés avec eux par des serments, nous devons les aider, sans leur opposer qu'eux-mêmes s'en dispensent bien envers nous. Notre but, en nous les attachant, était-il donc de les voir à leur tour nous aider ici, et non pas plutôt combattre nos ennemis de là-bas, les empêchant ainsi de venir ici nous attaquer ? L'empire, enfin, nous ne l'avons pas acquis autrement, nous et les autres qui l'ont jamais exercé, qu'en nous rangeant avec empressement aux côtés de qui, barbares ou Grecs, faisait successivement appel à nous. Si tout le monde en effet, se tenait tranquille ou chicanait sur les races à qui on doit secours, nous y ajouterions bien peu et mettrions plutôt son existence même en péril : qui domine, point n'est besoin qu'il attaque pour qu'on s'en défende, on prend les devants pour que lui-même n'attaque pas. J'ajoute qu'il nous est impossible de régler, comme on fait d'un domaine, l'extension de notre empire, mais qu'au point où nous en sommes, nous sommes forcés, ici, de proférer des menaces, là, de ne pas céder, car le risque est pour nous de tomber, le cas échéant, sous le pouvoir d'autrui, si nous n'en exercions pas nous-mêmes un sur d'autres ; et vous ne pouvez pas considérer le fait de rester tranquille du même point de vue que les autres, si vous ne devez aussi renouveler, à l'instar des leurs, vos règles de conduite.

Thucydide, 6, 18, 1-3

Au niveau stratégique, les Athéniens ont-ils les moyens de leur politique ? Nicias en doute. L'armement prévu n'est pas suffisant.

— Les cités contre lesquelles nous allons marcher sont, d'après ce que, pour moi, j'entends rapporter, des cités puissantes. Tout à la fois indépendantes les unes des autres et n'appelant pas un de ces changements par lesquels on peut être heureux d'échanger pour un régime moins dur une servitude fondée sur la violence, il n'est pas non plus raisonnablement à prévoir qu'elles fassent bon accueil à notre empire au prix de leur liberté. Enfin, pour une seule île, le nombre est grand des cités qui sont grecques : en dehors de Naxos et de Catane – que j'espère voir, en vertu de leur parenté de race avec les Léontins, se ranger à nos côtés – on en compte encore sept, qui, de surcroît, sont pourvues en tout d'un armement mieux qu'aucun autre en rapport avec notre puissance militaire, et surtout celles contre lesquelles nous prenons plus particulièrement la mer, Sélinonte et Syracuse : elles ont chez elles, en nombre, de l'infanterie lourde, des archers, des gens de trait ; en nombre également, des vaisseaux de ligne, avec une masse d'hommes pour les équiper, et, quant à l'argent, il n'en manque pas, que ce soit dans les caisses privées ou dans celles des sanctuaires à Sélinonte ; Syracuse même reçoit aussi la quote-part de quelques peuples barbares ; mais, ce qui fait avant tout leur avantage sur nous, c'est qu'elles disposent d'une cavalerie nombreuse et qu'elles vivent de blé indigène, non de blé importé.

Contre une puissance militaire de cette qualité, il ne suffit pas d'une armée navale et quelconque ; nous avons besoin d'embarquer avec nous des troupes de terre en nombre, si nous voulons que notre action réponde à nos intentions et qu'une cavalerie nombreuse ne nous interdise pas le terrain ; il nous le faut en particulier si les cités doivent, dans leur crainte, se coaliser, et qu'il ne se trouve pas de peuple en dehors des Égestains pour être nos amis et pour nous fournir des forces de cavalerie qui les tiennent en respect.

Thucydide, 6, 20, 2-4 ; 21, 1

Alcibiade, lui, a confiance dans la supériorité de la marine athénienne.

– Aujourd'hui, il se trouve, d'une part, que les Péloponnésiens n'ont encore jamais, en ce qui nous concerne, nourri aussi peu d'espérance, et, à les supposer même pleins d'énergie, ils peuvent, sans doute, même sans que nous fassions l'expédition, envahir notre territoire, mais leur flotte, en tout cas, ne saurait nous nuire : il nous en reste une qui vaut bien la leur.

Thucydide, 6, 17, 8

— Quant à la sécurité, soit que nous demeurions, si nous remportons quelque succès, soit que nous ayons à repartir, nos vaisseaux l'assureront : par la marine, nous aurons la maîtrise, fût-ce sur tous les Siciliens réunis.

Thucydide, 6, 18, 5

Il appelle à dépasser les clivages générationnels et à prôner l'unité patriotique.

— Pour vous, que l'inaction préconisée par Nicias, et ses querelles de jeunes à vieux ne vous détournent pas de l'entreprise ! Nous avons ici une heureuse tradition : c'est en délibérant entre jeunes et vieux que nos pères ont réglé au mieux leurs affaires ; tâchez, aujourd'hui encore, de la même manière, de mener notre cité de l'avant. Dites-vous pour cela que, l'une sans l'autre, jeunesse et vieillesse ne peuvent rien, mais que le vrai secret de la force est d'associer, en les mêlant, le moins bon, le moyen, et le vraiment parfait ; que, de plus, à se tenir en repos, notre cité s'usera, comme le reste, sur elle-même, tandis qu'en toutes choses ses connaissances déclineront ; mais qu'à lutter sans cesse, elle accroîtra son expérience en même temps qu'elle fortifiera en elle l'habitude de se défendre non par des phrases, mais par des actes. Pour tout dire, enfin, je professe qu'à mon sens, une cité qui ne connaît pas l'inaction ne peut pas plus rapidement se perdre qu'en renonçant à l'action, et qu'il n'y a peuples plus en sécurité chez eux que ceux qui, dans leur politique, s'écartent le moins, fussent-elles mauvaises, des mœurs et coutumes qu'ils se sont faites.

Thucydide, 6, 18, 6-7

Le peuple tranche : ce sera la guerre.

Tous furent pris d'un même courage de partir : les hommes d'âge, à la pensée qu'ou bien l'on soumettrait la contrée pour laquelle on s'embarquait, ou que, du moins, de puissantes forces militaires ne couraient aucun risque ; la jeunesse en âge de servir, dans le désir d'aller au loin voir du pays et apprendre, la confiance s'y joignant de revenir sain et sauf ; la grande masse des soldats, dans l'espoir de rapporter, sur le moment, de l'argent, de permettre de surcroit à l'État d'acquérir une puissance qui leur garantirait des soldes indéfinies. Cet engouement du grand nombre faisait que ceux-là mêmes qui n'approuvaient pas craignaient, en votant contre, de passer pour mauvais patriotes et se taisaient.

Thucydide, 6, 24, 3-4

Sur cette déclaration, les Athéniens votèrent immédiatement les pleins pouvoirs aux stratèges pour agir de la façon qu'ils jugeaient la meilleure pour la cité, en ce qui concernait aussi bien le chiffre des effectifs que l'ensemble de l'expédition. Après quoi, l'armement commença. On faisait appel aux alliés et, sur place, on mobilisait. La ville s'était depuis peu relevée de la peste et des années de guerre ininterrompue, qu'il s'agît de l'importance numérique des jeunes classes arrivées en âge ou du redressement des finances dû à la trêve[45] ; et l'on se procurait tout plus facilement.

Thucydide, 6, 26, 1-2

Cet affrontement d'individus coûtera cher à la cité.

En elle [l'expédition de Sicile], il faut dénoncer, moins une erreur de jugement par rapport aux peuples attaqués, que l'attitude de ceux qui l'avaient ordonnée : au lieu de seconder, dans leurs décisions ultérieures, l'intérêt, des troupes en campagne, ils fomentèrent des intrigues personnelles, à qui serait chef du peuple ; ainsi, ils affaiblirent la force des armées et, pour la première fois, apportèrent dans l'administration de la ville le désordre de leurs luttes.

Thucydide, 2, 65, 11

Pour comprendre une telle décision, qui, avec le recul, apparaît d'une incroyable témérité, il faut se rappeler qu'Athènes est à l'apogée de son impérialisme. Le dialogue entre les Athéniens et les Méliens, reconstitué par Thucydide, va nous en donner une bonne illustration. Les Athéniens voulaient affirmer leur suprématie sur l'ensemble des îles ioniennes, mais les habitants de l'île de Mélos, colonie de

---

45. C'est la paix de Nicias, conclue en 421.

Sparte voulaient rester neutres[46]. Une délégation athénienne tente de les en dissuader, avec des arguments qui reflètent l'arrogance d'une grande puissance.

Les Athéniens :

- Eh bien, nous n'allons pas, en ce qui nous concerne, recourir à de grands mots en disant que d'avoir vaincu les Perses nous donne le droit de dominer, ou que notre campagne présente vient d'une atteinte faite à nos droits, ce qui fournirait de longs développements peu convaincants [...]car vous le savez comme nous : si le droit intervient dans les appréciations humaines pour inspirer un jugement lorsque les pressions s'équivalent, le possible règle, en revanche, l'action des plus forts et l'acceptation des faibles.

[...]

Les Méliens :

- Par conséquent, que nous restions tranquilles, en étant vos amis au lieu de vos ennemis, et sans avoir d'alliance d'aucun des deux côtés, vous ne l'accepteriez pas ?

Les Athéniens :

- Non, car votre hostilité nous fait moins de tort que votre amitié ; celle-ci ferait paraître aux yeux des peuples de l'empire une preuve de faiblesse, votre haine, une de puissance.

---

46. En 416, les Méliens, dont la cité avait été une colonie fondée par Sparte, n'avaient pas voulu rejoindre la confédération maritime dirigée par Athènes.

[...]

Les Méliens :

- Mais alors, si vraiment et vous, pour ne pas voir cesser votre empire, et les peuples déjà esclaves, pour s'en affranchir, chacun prend de tels risques, nous autres, qui sommes encore libres, quelle bassesse et quelle lâcheté nous montrerions en ne tentant pas tout plutôt que d'être esclaves !

Les Athéniens :

- Non : pas si vous prenez un parti sage. Car il ne s'agit pas pour vous de chercher la palme de la valeur dans un combat à égalité, où le but est de ne pas se déshonorer : il s'agit de prendre une décision relative à votre salut, le but étant alors de ne pas s'opposer à des gens bien plus forts.

[...]

Nous estimons, en effet, que du côté divin comme aussi du côté humain (pour le premier, c'est une opinion, pour le second une certitude), une loi de nature fait que toujours, si l'on est le plus fort, on commande ; ce n'est pas nous qui avons posé ce principe ou qui avons été les premiers à appliquer ce qu'il énonçait : il existait avant nous et existera pour toujours après nous, et c'est seulement à notre tour de l'appliquer, en sachant qu'aussi bien vous ou d'autres, placés à la tête de la même puissance que nous, vous feriez de même.

Thucydide, 5, 89 ; 101 ; 105, 2

Le dénouement fut terrible.

Le siège contre les Méliens fut dès lors mené avec vigueur ; et, un élément de trahison s'y joignant à l'intérieur, ils traitèrent avec les Athéniens, remettant le sort de la population à leur discrétion : ceux-ci mirent à mort tous les Méliens qu'ils prirent en âge de porter les armes et réduisirent en esclavage les enfants et les femmes. Ils s'établirent eux-mêmes dans le pays, où ils envoyèrent, par la suite, cinq cents colons.

Thucydide, 5, 116, 3-4

L'AFFAIRE DES MYSTÈRES

En 415, tout était prêt pour le départ de l'expédition quand une nuit de nouvelle lune...

Tandis que les armements se poursuivaient, il arriva que les Hermès de marbre qui se trouvaient dans la ville d'Athènes – on connaît ces blocs taillés quadrangulaires que l'usage du pays a répandus aussi bien devant les demeures particulières que devant les sanctuaires – furent pour la plupart, une nuit, mutilés au visage. Nul ne connaissait les coupables, mais, par de fortes primes à la délation, l'État les faisait rechercher, et l'on décréta, en outre, que quiconque aurait connaissance de quelque autre acte sacrilège devrait le dénoncer, sans crainte pour sa personne, qu'il fût citoyen, étranger ou esclave. L'affaire prenait dans l'opinion une grosse importance.

Thucydide, 6, 27, 1-3

Et voici qu'une autre affaire vient se greffer sur la première.

Là-dessus, une dénonciation, venue de métèques et de gens de service, sans rien révéler au sujet des Hermès, apprend qu'il y avait eu précédemment d'autres mutilations de statues, du fait de jeunes

gens qui s'amusaient et avaient bu, et que, de
plus, dans quelques demeures privées, on parodiait
outrageusement les mystères.

Thucydide, 6, 28, 1

*À cela s'ajoute un scandale concernant les mystères
d'Éleusis.*

*Les mystères, célébrés chaque année en septembre à Éleusis,
étaient un élément majeur de la vie religieuse des Athéniens.
Ils passaient pour avoir été institués par Déméter elle-même,
déesse de l'agriculture. De nombreux initiés – les Mystes –
y participaient, Athéniens ou étrangers. Un secret absolu
était exigé, et fait remarquable, il fut bien tenu à travers
les siècles. Ces cérémonies avaient une immense importance
métaphysique pour les Athéniens.*

Quand Déméter fut arrivée dans notre pays lors
de ses courses errantes provoquées par l'enlèvement
de Perséphone[47], quand elle eut éprouvé de la
bienveillance pour nos ancêtres à la suite de leurs
services dont nul autre que les initiés ne peut entendre
parler, quand elle leur eut accordé deux sortes de
récompenses, qui sont précisément les plus grandes :
les récoltes, qui nous ont empêché de vivre à la façon
des bêtes, et l'initiation, qui, à ceux qui y participent,
donne pour la fin de la vie et pour toute l'éternité de
plus douces espérances, notre cité fut non seulement
aimée des dieux, mais amie des hommes au point

47. Fille de Déméter, enlevée par Hadès, dieu des Enfers.

qu'ayant la disposition de si grands biens, elle ne les refusa pas aux autres et donna à tous une part de ce qu'elle avait reçu. Les cérémonies d'initiation sont encore maintenant organisées chaque année par nous ; et pour le reste, c'est à la fois que notre cité en a enseigné l'emploi, la culture et l'utilité.

Isocrate, *Panégyrique*, 28-29

Déméter fit aussitôt des labours féconds lever le grain : tout entière, la vaste terre se chargea de feuilles et de fleurs. Puis elle s'en fut enseigner aux rois justiciers l'accomplissement du ministère sacré ; elle leur révéla les beaux rites, les rites augustes qu'il est impossible de transgresser, de pénétrer, ni de divulguer : le respect des Déesses est si fort qu'il arrête la voix.

Heureux qui possède, parmi les hommes de la terre, la Vision de ces mystères ! Au contraire, celui qui n'est pas initié aux saints rites et celui qui n'y participe point n'ont pas de semblable destin, même lorsqu'ils sont morts dans les moites ténèbres.

Hymnes homériques, À Déméter, v 470-482

Et Aristophane évoque, avec émotion, la procession des initiés.

Le Coryphée. – Avancez à présent dans le clos sacré de la déesse, dans le bocage fleuri, en jouant, vous qui participez à la fête aimée des dieux. Pour moi, je vais avec les filles et les femmes où se fait la veillée en l'honneur de la déesse, et porterai le flambeau sacré.

Le Chœur. – Avançons vers les prés fleuris pleins de roses et selon notre manière prenons nos ébats en formant le chœur si beau que président les Moires[48] bienheureuses.

Car pour nous seuls le soleil brille répandant une gaie lumière, pour nous tous qui sommes initiés et avons mené une vie pieuse envers les étrangers et les citoyens.

Aristophane, *Les Grenouilles*, v 440-459

Une première dénonciation est faite à l'encontre d'Alcibiade et des raisons politiques vont donner une dimension nouvelle à l'affaire.

Le vaisseau amiral de Lamachos déjà mouillait au large lorsque Pythonicos se leva devant le peuple et dit :

– Athéniens, vous faites partir toute cette armée, toutes ces forces et vous allez vous engager dans de graves périls : eh bien, je vais vous prouver que notre stratège Alcibiade contrefait les mystères dans une maison, avec d'autres ; et si vous décrétez l'impunité pour l'homme que je vais dénoncer, vous allez entendre un esclave appartenant à quelqu'un qui est ici vous révéler, quoique non initié, les mystères. Si ce n'est pas le cas, faites de moi ce qui vous plaira,

---

48. Trinité de déesses personnifiant la Destinée.

ayant reconnu que je n'ai pas dit vrai.

Alcibiade ayant longuement riposté et nié, les prytanes[49] décidèrent d'éloigner les non-initiés et d'aller eux-mêmes trouver l'esclave dont parlait Pythonicos ; ils partirent donc et ramenèrent un esclave de Polémarchos, nommé Andromachos. Ils lui assurèrent par décret l'impunité, et celui-ci leur dit alors que dans la maison de Poulytion se célébraient des mystères ; Alcibiade, Nikiadès et Mélétos en étaient les officiants ; d'autres assistaient et voyaient, et il y avait là des esclaves, dont lui-même, son frère, Ikésios l'aulète[50] et l'esclave de Mélétos. Telle fut la première dénonciation, celle d'Andromachos.

Andocide, *Sur les mystères*, 11-13

Ses ennemis s'en donnent à cœur joie l'accusant également dans l'affaire des Hermès mutilés.

Ces accusations atteignaient entre autres Alcibiade. Aussi trouvaient-elles l'oreille des gens à qui ce même Alcibiade portait particulièrement ombrage en les empêchant de prendre eux-mêmes solidement la direction du peuple. Persuadés que, s'ils réussissaient à le chasser, ils seraient les premiers dans la cité, ils grossissaient les choses et s'en allaient criant que parodie des mystères et mutilation des Hermès visaient également au

49. Les prytanes, tirés au sort au nombre de cinquante, exercent la direction du Conseil permanent – la Boulé – pendant un mois.
50. Joueur de flûte.

renversement de la démocratie, et qu'il n'y avait rien de tout cela à quoi il n'eût été mêlé. Comme dernier argument, ils alléguaient le mépris de la loi, qui marquait, de façon peu démocratique, toute sa conduite.

Thucydide, 6, 28, 2

L'opinion publique est partagée.

Cet attentat ne pouvait évidemment s'expliquer que par l'entente d'un grand nombre de complices et semblait dirigé moins contre des particuliers que contre l'État lui-même ; aussi le public fut-il saisi d'une grande appréhension ; peut-être allait-il se produire brusquement dans la cité une entreprise contre la liberté du peuple. Ces soupçons semblaient trouver de préférence leur objet en Alcibiade qu'on estimait plus puissant et plus grand qu'il ne convenait à un simple particulier. Beaucoup de gens lui avaient été attachés par sa libéralité ; d'autres, plus nombreux encore, lui appartenaient pour des services rendus en justice. Aussi tous les yeux, quand il paraissait en public, se fixaient-ils sur lui et personne ne jouissait d'un rang égal au sien dans Athènes ; il inspirait de grandes espérances, mais aussi de grandes craintes, car faire beaucoup de mal et beaucoup de bien était également en son pouvoir. Des taches ternissaient même sa réputation parce que dans sa propre maison, disait-on, il célébrait les mystères, conduite impie d'après la coutume

d'Athènes et moins inspirée par la religion que par
des visées révolutionnaires.

Cornélius Népos, *Alcibiade*, 3, 3-6

*En fait, l'hypothèse d'une machination anti-Alcibiade
semble très probable.*

Enfin un particulier se présenta au Conseil et dit
qu'au temps de la nouvelle lune, il avait vu, à l'heure
de minuit, quelques gens au nombre desquels était
Alcibiade, entrer dans une maison où logeait un
étranger. Là-dessus on lui demanda comment il avait
pu discerner un homme à minuit, il répondit qu'il
l'avait vu au clair de la lune. Ainsi ce témoin s'étant
coupé par cette affirmation qui n'était pas crédible à
la date qu'il avait alléguée, fut rejeté et l'on ne put
trouver depuis aucun indice de l'auteur du fait.

Diodore de Sicile, *Bibliothèque historique*, 13, 2, 4

*Alcibiade veut une confrontation immédiate. On la
lui refuse.*

Lui, tout en se défendant sur le moment contre les
dénonciations, était prêt, pour le rôle qu'il aurait eu
dans les faits, à passer en jugement avant le départ
de l'expédition (déjà, en effet, tout l'armement était
assuré) et, s'il en avait eu un quelconque, à subir
la peine ; mais « qu'on l'acquittât, il garderait son
commandement ». En outre, il adjurait les gens
de ne pas attendre qu'il fût au loin pour se fier aux

accusations calomnieuses portées contre lui, mais de le mettre à mort immédiatement s'il était coupable : « mieux valait, quand il était l'objet d'une inculpation de cette nature, ne pas le faire partir à la tête d'une expédition aussi importante sans s'être prononcé ». Mais ses ennemis craignaient à la fois qu'il n'eût l'armée pour lui si les débats avaient lieu dès ce moment, et que le peuple ne manquât de fermeté, le ménageant parce que c'était grâce à lui que les Argiens et quelques Mantinéens s'étaient joints à l'expédition : aussi s'acharnaient-ils à écarter sa manière de voir. Poussés par eux, d'autres orateurs soutenaient que, pour le moment, il devait prendre la mer et ne pas faire obstacle au départ ; à son retour, on le jugerait dans un délai déterminé. On voulait qu'il n'affrontât les débats que ramené à Athènes sur un rappel, à la suite d'un redoublement de calomnies, qui serait plus facile à provoquer, lui absent. On décida donc qu'Alcibiade partirait.

Thucydide, 6, 29, 1-3

Tout le monde participe aux préparatifs, dans l'enthousiasme.

Parmi les citoyens aisés, ceux qui étaient les plus riches et qui voulaient gagner les bonnes grâces du peuple, équipèrent, à leur frais, chacun trois vaisseaux, et les autres promirent de contribuer aux vivres de l'armée. Ceux de condition plus modeste, et même plusieurs étrangers, surtout ceux qui venaient

des villes alliées, se présentaient d'eux-mêmes aux
capitaines et les pressaient de les enrôler : tant ils
étaient enivrés d'espérance au sujet de la Sicile, dont
il leur semblait déjà qu'ils allaient partager les terres
entre eux [...]

La flotte composée de cent quarante voiles, sans
comprendre les vaisseaux chargés de toutes sortes de
provisions de guerre et de bouche, et de ceux où l'on
avait embarqué les chevaux, comptait un nombre
prodigieux de bâtiments. Les soldats armés de pied
en cap et ceux qui portaient des frondes, les troupes
qui devaient combattre à cheval, plus de sept mille
hommes des villes alliées, et tout l'équipage de service
formaient une multitude innombrable. Mais avant
de partir, les généraux enfermés avec les sénateurs
tinrent conseil sur la manière dont ils gouverneraient
la Sicile, au cas où ils s'en rendraient maîtres. Ils
conclurent qu'il fallait réduire à la captivité ceux
de Sélinonte et de Syracuse, et se contenter d'exiger
des autres villes un tribut qu'elles apporteraient tous
les ans à Athènes.

Le lendemain, les généraux, à la tête de leur armée,
se rendirent au port du Pirée : toute la ville aussi bien
les citoyens que les étrangers les y accompagnèrent
en foule, pour dire adieu chacun en particulier à ses
parents et à ses amis. Les vaisseaux couverts sur les
proues d'armes posées en ornements et en trophées,
remplissaient toute l'étendue du port et ses bords
étaient chargés partout d'encensoirs et d'autres vases
d'or et d'argent, où l'on prenait des libations qu'on

offrait aux dieux pour leur demander l'heureux succès
de cette entreprise.

                    Diodore de Sicile, 13, 2, 2 ; 2, 5 – 3, 1-2

*Mais très vite, les choses se gâtent. Arrivés en Italie, les
Athéniens s'aperçoivent qu'ils ont été dupés par les habitants d'Égeste qui, en les appelant à l'aide, leur avaient
fait miroiter qu'ils pourraient compter sur des ressources
importantes.*

En fait, voici, aux détails près, l'artifice dont
avaient usé les Égestains, lorsque leur étaient venus
les premiers députés envoyés par Athènes pour vérifier
leurs ressources. Ils les avaient emmenés dans le
sanctuaire d'Aphrodite à Éryx, et ils avaient étalé
devant eux les offrandes, des coupes, des flacons, des
brûle-parfums, quantité d'autres objets, qui, étant
en argent, faisaient de l'effet pour une valeur réelle
assez médiocre ; en même temps, les particuliers
organisaient des réceptions pour les équipages des
navires, et, soit en rassemblant dans Égeste même les
vases à boire en or et en argent qui s'y trouvaient, soit
en s'en faisant prêter par les villes du voisinage, tant
phéniciennes que grecques, ils les présentaient dans
les banquets, chacun comme s'ils lui appartenaient.
Comme tous se servaient en général des mêmes et
qu'on en voyait partout en profusion, cela frappait
vivement les Athéniens des trières, et, de retour à
Athènes, ils avaient raconté à droite et à gauche qu'ils
avaient vu des trésors. Aussi, lorsque la nouvelle se

répandit qu'Égeste n'avait pas les sommes annoncées, furent-ils accablés de reproches par les soldats, pour s'être alors abusés et avoir fait partager leur erreur aux autres.

Thucydide, 6, 46, 3-5

Malheureusement, les trois généraux ne sont pas d'accord.

Le point de vue de Nicias : un programme minimum.

Les généraux, eux, en présence de la situation, tinrent conseil. Nicias était d'accord pour faire voile, avec toute l'armée réunie, sur Sélinonte, ce qui était principalement l'objet de leur mission. Si, alors, les Égestains fournissaient des fonds pour l'ensemble du corps expéditionnaire, on aviserait en conséquence ; dans le cas contraire, on les mettrait en demeure d'assurer la subsistance aux soixante navires qu'ils avaient demandés, et on resterait près d'eux pour régler, de gré ou de force, leur différend avec Sélinonte. Cela fait, on côtoierait les autres cités et, après avoir déployé devant elles la force militaire d'Athènes, après leur avoir fait voir son dévouement à ses amis et alliés, on rentrerait chez soi, à moins qu'il ne se présentât brusquement et à l'improviste un moyen de rendre service aux Léontins ou de se concilier quelqu'une des autres cités, sans mettre Athènes en péril et qu'elle eût à payer les frais.

Thucydide, 6, 47

Le point de vue d'Alcibiade : négocier avant d'attaquer.

Alcibiade, en revanche, soutenait qu'après avoir pris la mer avec des forces aussi importantes, on ne pouvait s'en aller honteusement sans avoir rien fait. Ce qu'il fallait, c'était négocier dans les formes avec toutes les cités, sauf Sélinonte et Syracuse, et tâcher, à l'égard des Sikèles, les uns de les détacher de Syracuse, les autres de s'en faire des amis, pour avoir du blé et une armée ; mais on devait d'abord entraîner Messine (juste sur le détroit lorsqu'on aborde en Sicile, elle fournirait à l'armée, en même temps qu'un port, un excellent mouillage d'observation). Puis, quand on se serait concilié les cités, sachant avec qui chacun marcherait, alors, enfin, on s'attaquerait à Syracuse et à Sélinonte, à moins que cette dernière ne s'accordât avec Égeste, et que l'autre ne laissât rétablir les Léontins.

Thucydide, 6, 48

Le point de vue de Lamachos : foncer sur Syracuse.

Lamachos, lui, déclarait qu'il fallait faire voile droit sur Syracuse et livrer au plus tôt la bataille devant la ville, tant qu'on n'y avait encore pris aucune mesure et que le trouble y était à son comble ; qu'une armée était surtout redoutable dans le premier moment, et que, si elle tardait à se montrer, les gens se ressaisissaient dans leurs sentiments jusqu'à la mépriser plutôt, même lorsqu'ils la voyaient ; que si, au contraire, on fonçait à l'improviste sur l'ennemi, tandis qu'il

tremblait, encore dans l'attente, c'était la meilleure
chance qu'on eût de prendre le dessus, et que tout
alors contribuerait à l'affoler : la vue de l'armée (c'est
le moment où elle apparaîtrait le plus nombreuse),
l'attente de ce qu'il aurait à subir, et principalement
le risque immédiat de la bataille.

Thucydide, 6, 49, 1-2

*Mais les cités grecques de Sicile dont on espérait l'appui,
se dérobent pour la plupart.*

D'abord Messine.

Là-dessus, Alcibiade passa, sur son navire
personnel, à Messine et engagea avec les habitants
des pourparlers en vue d'une alliance. Il ne réussit pas
à les convaincre : on lui répondit qu'on ne pourrait
les accueillir dans la ville, mais qu'on leur ouvrirait
un marché au-dehors ; il revint donc à Rhégion.

*Puis Catane, que l'on prend quand même par surprise, et
l'installation de l'armée dans cette ville constitue un progrès
important, compte tenu de la proximité de Syracuse.*

Accueillis dans la ville par les Naxiens, ils suivirent
la côte jusqu'à Catane, mais, les habitants refusant de
les recevoir (il y avait dans la ville un parti dévoué
aux Syracusains), ils se portèrent vers l'embouchure
du fleuve Térias et y bivouaquèrent.

[...]

L'Assemblée s'étant réunie, les Catanéens, sans
accueillir l'armée, invitent les stratèges à se présenter

pour exposer leurs désirs. Alors, tandis qu'Alcibiade parlait et que l'attention des habitants était absorbée par l'Assemblée, les soldats enfoncent, sans qu'on les voie, une poterne imparfaitement aménagée dans la muraille, pénètrent à l'intérieur de la ville et se répandent sur le marché.

[...]

Repassant alors à Rhégion, les Athéniens embarquent, cette fois, toutes leurs forces pour Catane, et, sitôt arrivés, y établissent leur camp. Là, une double nouvelle leur est apportée : on leur annonçait que Camarine, s'ils se présentaient, se rangerait de leur côté, et qu'à Syracuse on équipait une flotte. En conséquence, toutes leurs forces réunies, ils se dirigèrent, pour commencer, vers Syracuse, en longeant la côte ; puis, n'y trouvant pas de vaisseaux en voie d'équipement, ils suivent la côte jusqu'à Camarine, abordent au rivage et entrent officiellement en rapport avec les habitants. Mais ceux-ci refusent de les accueillir, alléguant que leurs serments les engageaient à recevoir les Athéniens, à condition qu'ils abordent avec un seul vaisseau, sauf si eux-mêmes en avaient réclamé davantage. Les Athéniens repartent donc sans avoir rien obtenu.

Thucydide, 6, 50, 3 ; 51, 1, 3 ; 52, 1-2

LA TRAHISON

412-407

À Athènes, les ennemis d'Alcibiade se déchaînent et obtiennent son rappel.

Pendant ce temps, les ennemis personnels qu'Alcibiade avait à Athènes réveillèrent l'affaire des statues mutilées et, s'appuyant sur les soupçons qui pesaient déjà sur lui, ils l'accusèrent dans les assemblées publiques, d'avoir voulu ébranler par là le gouvernement démocratique. Ces accusations hasardeuses prirent de la vigueur à cause de l'exemple donné par la cité d'Argos où quelques particuliers qui avaient voulu renverser le régime démocratique, avaient été égorgés par les citoyens. Le peuple d'Athènes, échauffé par toutes ces circonstances, et bien plus encore par les déclamations de ces orateurs, envoya la Salaminienne[51] en Sicile, avec ordre de ramener immédiatement Alcibiade, pour qu'il réponde aux accusations portées contre lui. À l'arrivée du bateau à Catane, Alcibiade apprenant par les députés quel était l'ordre du peuple, s'embarqua avec quelques hommes qu'on disait être ses complices, sur un

51. Trière sacrée, avec la Paralienne, chargée de transmettre les décisions de la cité aux armées en campagne.

vaisseau qui lui appartenait et fit voile à côté de la Salaminienne.

Diodore de Sicile, 13, 5, 1-2

Pourtant, ils ont conscience de la popularité d'Alcibiade auprès des soldats.

Cependant le peuple ne relâcha pas encore toute sa colère. Au contraire, débarrassé des Hermocopides[52], il se déchaîna de toute sa fureur devenue disponible contre Alcibiade, et finalement dépêcha la trière salaminienne pour le ramener, non sans avoir prudemment recommandé aux envoyés de ne pas user de violence et de ne pas mettre la main sur lui, mais de lui parler avec le plus grand tact, en lui intimant l'ordre de les suivre pour être jugé et convaincre le peuple de son innocence. On craignait en effet des désordres et une mutinerie de l'armée en pays ennemi, et Alcibiade l'aurait facilement soulevée, s'il l'eût voulu. Car les soldats étaient découragés à l'idée de son départ ; ils craignaient qu'avec Nicias la guerre ne se prolongeât indéfiniment et ne traînât dans l'inaction, du moment qu'on enlevait l'aiguillon qui poussait à l'action. Lamachos, il est vrai, était belliqueux et brave ; mais il manquait d'autorité et de prestige à cause de sa pauvreté.

Plutarque, *Alcibiade*, 21, 7-9

---

52. Ceux qui avaient mutilé les statues des Hermès et qui avaient été condamnés.

Alcibiade s'enfuit en commettant une première trahison.

Une conséquence immédiate du départ d'Alcibiade fut que Messine échappa aux Athéniens. Il y avait en effet à Messine un parti qui allait leur livrer la ville. Alcibiade, qui en connaissait parfaitement les membres, les dénonça aux amis des Syracusains et fit échouer l'affaire. Arrivé à Thourioï et débarqué de sa trière, il se cacha, et ne fut pas découvert par ceux qui le cherchaient. Quelqu'un l'ayant reconnu lui dit :

— Tu ne te fies pas à ta patrie, Alcibiade ?

— Si, pour tout le reste, répliqua-t-il ; mais quand il s'agit de ma vie, je ne me fierais pas à ma propre mère.

Plutarque, *Alcibiade*, 22, 1-2

Il est alors condamné à mort par contumace.

On a conservé le texte de l'acte d'accusation ; le voici : « Thessalos, fils de Cimon, du dème Lakiades, accuse Alcibiade, fils de Clinias, du dème Scambonide, d'avoir commis un sacrilège envers les deux déesses, en contrefaisant leurs mystères et en les montrant aux membres de sa coterie dans sa propre maison. Revêtu d'une robe analogue à celle que porte l'hiérophante, quand il fait l'ostension des objets sacrés, il s'est intitulé lui-même hiérophante, a nommé Poulytion porte-flambeau, Théodoros, du dème Phégaia, héraut et il a appelé ses autres compagnons mystes et époptes[53], en violation des règles et dispositions instituées par les Eumolpides, les Kéryces[54] et les prêtres d'Éleusis. » Il fut condamné par contumace, ses biens furent confisqués et l'on décida en outre qu'il serait maudit par tous les prêtres et toutes les prêtresses ; une seule, dit-on, Théano, fille de Ménon, du dème Agrylè, refusa de voter ce décret : elle déclara qu'elle était prêtresse pour prier, non pour maudire.

Plutarque, *Alcibiade*, 22, 4-5

S'est-il rendu à Sparte spontanément ? Les versions divergent.

À Sparte, en même temps que les ambassadeurs venus de Corinthe, se trouvait Alcibiade, avec les autres exilés. Il était, dès le début, passé, sur un chaland de marchandises, de la région de Thourioï, d'abord à Cyllène en Élide, puis plus tard à Sparte, où il n'était venu que sur l'appel formel des Spartiates, et sous garantie : il les craignait, en effet, à cause de son rôle dans l'affaire de Mantinée[55].

53. Mystes et époptes représentent les deux degrés successifs de l'initiation éleusinienne.

54. Les Eumolpides et les Kéryces étaient les deux grandes familles éleusiennes qui exerçaient, dans les Mystères, les fonctions de hiérophantes, initiateurs aux mystères et de dadouques, porteurs de flambeaux.

55. La bataille de Mantinée, en 418, opposa Sparte à Argos et ses alliés. Alcibiade avait beaucoup soutenu les Argiens contre les Spartiates.

Thucydide, 6, 88, 9

Il avait un tel souci de ne commettre même en exil aucune faute contre l'État qu'il alla à Argos et s'y tint en repos. Mais telle fut l'audace des autres, qu'ils décidèrent de le poursuivre dans toute la Grèce, d'inscrire son nom sur une stèle[56] et d'envoyer une ambassade réclamer son extradition aux Argiens. Ne sachant que faire au milieu de ces maux, chassé de partout, ne voyant aucun autre moyen de salut, à la fin il fut forcé de se réfugier chez les Spartiates.

Isocrate, *Sur l'attelage*, 9

À Sparte, il intervient pour apporter une explica-
tion personnelle de sa politique anti-spartiate des années
précédentes.

– Il est nécessaire qu'avant tout je m'explique ici sur certaines attaques personnelles, de peur que par prévention contre moi, vous n'écoutiez mal ce qui touche l'intérêt public. Notre famille avait, sur je ne sais quel grief, renoncé au titre de « protectrice » de vos nationaux ; ce titre, je me suis, moi, employé de moi-même à le recouvrer par mes bons offices envers vous, notamment lors de la malheureuse affaire de Pylos[57]. Cependant, sans que mon ardeur se fût

---

56. Colonne sur laquelle étaient inscrits les motifs de la condamnation d'Alcibiade.

57. En 424, dans la presqu'île de Pylos, 300 hoplites spartiates furent faits prisonniers par les Athéniens, humiliation sans précédent pour une armée qui n'avait jamais capitulé.

démentie, ayant à conclure votre paix avec Athènes, vous ne sûtes que donner du crédit à mes ennemis en traitant par leur entremise, et moi m'humilier. Ainsi se justifient les coups que je vous ai portés en me tournant du côté de Mantinée et d'Argos, et par le reste de mon opposition.

Thucydide, 6, 89, 1-3

Il donne aux Spartiates un conseil qui a peut-être décidé du sort de l'expédition athénienne à Syracuse.

– Maintenant, apprenez que là-bas, sans votre secours, la situation est perdue. Les Siciliens manquent d'expérience ; cependant, unis de manière à faire bloc, ils pourraient encore, même aujourd'hui, prendre le dessus. Mais les Syracusains à eux seuls, battus en masse au combat comme ils l'ont été, et se trouvant en même temps bloqués par la flotte, seront hors d'état de résister aux ressources militaires qu'Athènes a aujourd'hui là-bas. Si cette ville tombe, c'est toute la Sicile qui est prise du même coup, et immédiatement aussi l'Italie ; le péril que tout à l'heure je vous annonçais de ce côté ne serait alors pas long à s'abattre sur vous. Que l'on ne s'imagine donc pas délibérer seulement sur la Sicile : il s'agit aussi du Péloponnèse si vous n'exécutez sans délai les mesures suivantes, à savoir envoyer là-bas une armée de débarquement ainsi formée que, marins pendant la traversée, les hommes servent, aussitôt débarqués, comme hoplites ; de plus – ce que j'estime encore

plus utile que l'armée – un Spartiate pour exercer
le commandement, afin qu'il organise les concours
acquis, et obtienne par la contrainte ceux que l'on
refuse. Par ce moyen, les amis que vous comptez
prendront confiance, et les hésitants n'auront plus
peur de venir à vous. Et ici en Grèce, en même temps,
il faut pousser la guerre plus franchement, pour
que les Syracusains, s'estimant soutenus par vous,
résistent davantage, et que les Athéniens, de leur
côté, soient plus empêchés d'envoyer à leurs troupes
de nouveaux renforts.

Thucydide, 6, 91, 1-5

Et il ajoute un deuxième conseil, encore plus néfaste pour
Athènes : l'occupation de Décélie, située sur la côte attique,
à une vingtaine de kilomètres d'Athènes. Cette occupation
va être effectuée et va rendre la situation d'Athènes dif-
ficile en la privant de ressources minières, industrielles et
agricoles.

– Il faut, d'autre part, fortifier Décélie en Attique.
C'est ce que de tout temps les Athéniens redoutent
le plus, la seule des épreuves de guerre, pensent-ils,
qui ne leur soit pas connue. Or, le plus sûr moyen
de frapper ses ennemis est, quand on se rend compte
de ce qu'ils craignent le plus, de le leur infliger
sur information précise. Il est vraisemblable, en
effet, que c'est pour connaître soi-même avec le
plus d'exactitude ce que l'on a à craindre, qu'on le
redoute. Quant aux avantages que cette fortification

d'un point de contrôle vous vaudra à vous, et dont elle privera l'adversaire, j'en omettrai beaucoup pour ne citer en résumé que les principaux : des richesses en domaines que compte le pays, la majeure partie vous reviendra, soit en conquête, soit spontanément ; les revenus des mines d'argent du Laurion[58], les avantages qu'ils tirent actuellement de la terre et des ateliers[59], leur feront aussitôt défaut – et surtout le revenu fourni par les alliés, qui ne leur arrivera plus avec la même abondance, car ceux-ci, estimant désormais la guerre vigoureusement menée de votre côté, en profiteront.

Thucydide, 6, 91, 7

Pourtant, Alcibiade refuse d'être considéré comme un traître.

– Exécuter quelque chose de ces projets et vite et énergiquement dépend de vous, Spartiates ; qu'ils soient, en effet, réalisables, j'en ai – et je ne crois pas devoir m'y tromper – l'absolue confiance.

Et je demande que personne d'entre vous ne me juge défavorablement si, moi qui passais naguère pour avoir l'amour du pays, je marche aujourd'hui à toute force contre ma patrie avec ses plus grands

58. Région montagneuse à la pointe sud est de l'Attique, célèbre pour ses mines de plomb argentifère, exploitées dès le Ve siècle et qui jouèrent un rôle important dans l'économie d'Athènes aux Ve et IVe siècle.

59. L'importation de produits agricoles et manufacturés sera considérablement entravée par la présence spartiate sur la côte attique.

ennemis ; que non plus l'ardeur de l'exilé ne crée pas
de prévention contre mes paroles. Exilé, je le suis ;
mais je me dérobe ainsi à la méchanceté de qui m'a
chassé, non à la possibilité, si vous m'écoutez, de
vous être utile. Et les plus grands ennemis d'Athènes,
d'autre part, ne sont pas ceux qui, comme vous,
visaient en elle l'ennemie, mais ceux qui ont contraint
ses amis à devenir ses ennemis. Quant à l'amour
du pays, je ne l'éprouve point là où l'on me fait du
tort, mais là où en sécurité j'exerçais mes droits
politiques ; à mon sens, il n'est pas vrai que j'aie une
patrie et qu'aujourd'hui je marche contre elle : elle a
cessé plutôt d'être, et je veux la reconquérir. Et l'on
a vraiment l'amour du pays, non pas quand, après
l'avoir injustement perdu, on se refuse à marcher
contre lui, mais quand par tous les moyens, dans
l'ardeur de son désir, on s'efforce de le recouvrer.

Thucydide, 6, 92, 1-4

À Sparte, son adaptation est rapide.

Les Spartiates s'imposaient une règle de vie
entièrement soumise aux jeunes militaires : obéissance,
vie en commun dès l'enfance, exercices constants,
nourriture très frugale.

S'il était célèbre et admiré pour ses actes politiques,
il ne l'était pas moins pour sa vie privée : il gagnait
et séduisait le peuple en vivant alors à la manière
spartiate. En le voyant se raser jusqu'à la peau, se
baigner dans l'eau froide, s'accommoder du pain

d'orge et manger le brouet noir[60], on avait peine à
en croire ses yeux et l'on se demandait si cet homme
avait jamais eu un cuisinier dans sa maison, s'il avait
jamais vu un parfumeur, ou consenti à toucher un
vêtement en tissu de Milet. Car c'était chez lui, dit-
on, une faculté maîtresse parmi tous ses talents et un
artifice pour séduire les hommes, que de s'adapter
et de se conformer à leurs mœurs et à leur mode
de vie : il était plus prompt à se transformer que le
caméléon.

                                    Plutarque, *Alcibiade*, 23, 3-4

*Il a, pourtant, une curieuse façon de remercier ses
hôtes...*

En tout cas, à Sparte, si l'on jugeait de lui par
l'extérieur, on pouvait dire :
« Non, tu n'es pas son fils, mais Achille en
personne »,
un homme comme Lycurgue[61] en a formé. Mais, si
l'on observait ses véritables sentiments et ses actions,
on pouvait s'écrier :
« C'est bien la même femme aujourd'hui
qu'autrefois ! »[62]
En effet, il corrompit Timaïa, femme du roi Agis,
alors en expédition militaire à l'étranger, si bien

60. Ragoût de viande liquide et noirâtre, plat usuel à Sparte.
61. Personnage sans doute légendaire qui passait pour avoir été
le législateur de Sparte.
62. Vers de l'*Oreste* d'Euripide où Électre parle ainsi d'Hélène.

qu'elle devint enceinte de son fait et ne s'en cachait pas. Elle accoucha d'un enfant mâle qu'on appela au-dehors Léotychidas ; mais, à l'intérieur de sa maison, le nom que sa mère lui donnait à voix basse devant ses amies et ses servantes était Alcibiade, tant l'amour la possédait. Il ne manqua pas de gens pour rapporter à Agis ce qui s'était passé, mais ce qui le convainquit surtout, c'est le calcul du temps. Un tremblement de terre ayant eu lieu, il s'était enfui effrayé de la chambre de sa femme, et, pendant dix mois ne l'avait plus approchée. Léotychidas étant né après ce terme, il déclara ouvertement que l'enfant n'était pas de lui. Et c'est pour cette raison que Léotychidas fut par la suite exclu de la royauté.

Plutarque, *Alcibiade*, 23, 6-9

À Sparte, il séduisit l'épouse du Roi Agis. Comme certains l'en blâmaient, il répliqua :

- Je n'ai pas couché avec elle par concupiscence, mais pour que le fils qui naîtra d'elle règne à Sparte et que l'on n'y dise plus que leur Roi descend d'Héraclès mais d'Alcibiade.

Athénée, 12, 48, 535b-c

Puis il part en campagne contre Athènes, aux côtés du stratège spartiate Chalcideus.

Dans leur traversée, Chalcideus et Alcibiade capturaient tous ceux qu'ils rencontraient, pour éviter d'être signalés ; ils abordèrent en premier lieu

à Côrycos, sur le continent, où ils les relâchèrent, et
ils prirent un contact préalable avec certains de leurs
partisans de Chios, qui les engagèrent à gagner la cité
sans préavis : Chios les vit donc arriver à l'improviste.
Pour la majorité ce fut la surprise et le désarroi, mais
les aristocrates s'étaient arrangés pour qu'il y eût
justement réunion du conseil et, comme Chalcideus
et Alcibiade y annoncèrent l'arrivée en renfort de
nombreux autres navires sans révéler l'affaire des
vaisseaux bloqués à Speiraion[63], Chios, puis Érythres
à son tour abandonnèrent Athènes.

Thucydide, 8, 14, 1-2

Et, après Chios, ils obtiennent la défection de Milet.

De leur côté, Chalcideus et Alcibiade, après avoir
poursuivi Strombichidès vers Samos, débarquèrent à
Chios les marins des navires péloponnésiens, armés
en hoplites, les remplacèrent par des gens de Chios
et, renforcés de vingt navires de l'île, s'en allèrent
provoquer la défection de Milet. Alcibiade en effet,
qui était lié avec les principaux des Milésiens, voulait
rallier cette ville avant l'arrivée des vaisseaux du
Péloponnèse ; ainsi les gens de Chios, lui-même,
Chalcideus et, selon sa promesse, Endios, qui les
avait envoyés, recueilleraient le mérite de l'exploit,
s'il arrivait à obtenir le plus de défection possible,

---

63. Port situé prés d'Épidaure, où les Péloponnésiens essuyèrent
une défaite navale. L'annonce de cette défaite aurait pu détourner les
cités ioniennes, alliées d'Athènes, de faire défection.

avec l'aide des gens de Chios et de Chalcideus.
Passant inaperçus durant la plus grande partie de
la traversée, ils devancèrent de peu Strombichidès
et Thrasyclès qui s'était trouvé tout juste arrivé
d'Athènes avec douze navires et le poursuivait avec
son collègue : ils obtinrent ainsi la défection de
Milet.

Thucydide, 8, 17, 1-3

À Athènes, l'inquiétude est très grande.

La nouvelle de Chios parvint vite à Athènes. Les
Athéniens estimèrent que le péril qui les menaçait
était, dès lors, grave et indiscutable, et que le reste
des alliés refuserait de se tenir tranquilles après
le retournement de la cité la plus importante ;
aussi les mille talents qu'ils avaient tenu à ne pas
toucher pendant toute la guerre furent libérés sur-
le-champ, dans l'effroi du moment, par l'abolition
des peines prévues pour quiconque proposerait ou
mettrait aux voix une proposition à leur sujet, et
l'on vota d'y recourir pour équiper un bon nombre
de vaisseaux[64].

Thucydide, 8, 15, 1

---

64. Les Athéniens tenaient tellement à cette réserve monétaire,
qu'ils n'y avaient pas touché, même lorsqu'ils avaient appris le désastre de Sicile et l'Assemblée du peuple avait décrété la peine de mort
pour quiconque présenterait une motion proposant de prélever une
somme sur ces fonds.

Mais en 412, malgré les services rendus, Alcibiade doit prendre le large.

Après le désastre des Athéniens en Sicile, les gens de Chios, de Lesbos et de Cyzique, voulant rompre leurs liens avec Athènes, envoyèrent en même temps des ambassadeurs à Sparte. Les Béotiens appuyaient les Lesbiens et Pharnabaze soutenait les Cyzicènes ; mais, à l'instigation d'Alcibiade, on décida de secourir ceux de Chios avant tous les autres. Alcibiade s'embarqua et détacha lui-même d'Athènes presque toute l'Ionie ; il accompagnait fréquemment les généraux spartiates, et ne cessait de faire du mal aux Athéniens. Mais Agis, qui lui en voulait déjà d'avoir séduit sa femme, était en outre jaloux de sa gloire ; car on disait que presque toutes les entreprises se faisaient et réussissaient grâce à Alcibiade. Les plus puissants et les plus ambitieux des autres Spartiates le jalousaient et ne pouvaient plus le souffrir. Ils eurent assez d'influence pour décider les magistrats de Sparte à envoyer en Ionie l'ordre de le tuer.

Alcibiade en fut secrètement averti et prit peur. Aussi, tout en participant à toutes les entreprises des Spartiates, il évitait très soigneusement de tomber entre leurs mains. Pour être en sûreté, il se mit sous la protection de Tissapherne[65], satrape du Roi, et devint aussitôt le premier personnage et le plus influent de sa cour.

Plutarque, *Alcibiade*, 24, 2-4

65. Satrape de Lydie. Un satrape était un gouverneur de province, nommé par le roi de Perse.

En Lydie, il réussit aussi bien qu'à Sparte.

Sa souplesse et son habileté prestigieuse faisaient l'admiration du barbare[66], qui n'avait lui-même aucune droiture, mais beaucoup de méchanceté et de perversité. De plus, la compagnie d'Alcibiade, dans la vie et les loisirs de chaque jour, avait tant de charme qu'aucun caractère n'y résistait, aucun naturel n'y était insensible. Ceux mêmes qui le craignaient et le jalousaient sentaient du plaisir à être avec lui et à le regarder et se trouvaient portés à l'aimer. C'est ainsi que Tissapherne, qui, d'ailleurs, était cruel et haïssait les Grecs plus qu'aucun autre Perse, accepta si bien les flatteries d'Alcibiade qu'il en vint à le flatter en retour et, ce faisant, à le surpasser. Par exemple, celui de ses parcs qui était le plus beau, à la fois par ses pelouses et ses eaux rafraîchissantes, par ses retraites et ses pavillons aménagés avec un luxe royal et inouï, reçut du satrape le nom d'Alcibiade et fut couramment désigné ainsi par tout le monde.

Plutarque, *Alcibiade*, 24, 5-7

Mais il amorce un retournement en faveur d'Athènes, au moment où le désastre de Sicile a mis la Cité dans une situation particulièrement difficile. En effet, malgré les renforts envoyés par Athènes, l'armée d'expédition est finalement écrasée, les survivants détenus dans les Latomies, les célèbres carrières de Syracuse et Nicias a été exécuté.

66. Pour les Grecs les barbares désignent les non Grecs. Ici les Perses.

Dans un premier temps, il conseille à Tissapherne, allié des Spartiates, de mener une politique d'équilibre entre Sparte et Athènes.

Qu'est-ce qui explique ce retournement ? Son intérêt personnel ?

Tissapherne se laissa facilement persuader et laissa si bien voir son amitié et son admiration pour Alcibiade que celui-ci devint le point de mire des Grecs des deux partis et que les Athéniens se repentirent des décrets qu'ils avaient portés contre lui, et qui leur avaient attiré ces représailles. Alcibiade lui-même était alors inquiet et craignait, si Athènes était entièrement détruite, de se trouver au pouvoir des Spartiates, qui le haïssaient.

Plutarque, *Alcibiade*, 25, 2

Ou un patriotisme que n'a pu étouffer complètement un ressentiment personnel ?

Alcibiade, fugitif d'Athènes, combattit pendant quelque temps avec les Spartiates, et leur fut même d'un grand secours par son éloquence et par ses lumières, deux qualités qui le mettaient fort au-dessus de ses nouveaux concitoyens. Mais comme il était le premier homme d'Athènes par sa naissance et par ses richesses. il ne perdait point sa patrie de vue et il cherchait continuellement dans son esprit le moyen de lui rendre quelque service considérable, dans un temps surtout où elle paraissait être à la veille de sa chute.

Diodore de Sicile, 13, 37, 2-3

Ses premières démarches vont aux Athéniens de Samos.
C'est sur cette île que la plupart des troupes athéniennes
sont alors concentrées. Il fait des avances aux partisans de
l'oligarchie. Les défaites athéniennes ont, en effet, redonné
des arguments aux adversaires de la démocratie.

En effet les soldats athéniens de Samos apprirent
son pouvoir sur le Perse ; alors, comme Alcibiade
pour sa part avait avisé les plus importants d'entre
eux de faire savoir aux plus honnêtes gens qu'avec
une oligarchie au lieu de ce régime de coquins, de
cette démocratie qui l'avait chassé, il voulait rentrer
pour vivre parmi ses concitoyens, en leur procurant
l'amitié de Tissapherne, – pour cette raison et surtout
par sentiment personnel, les triérarques[67] et les plus
importants des Athéniens de Samos avaient résolu
de renverser la démocratie.

Thucydide, 8, 47, 2

Intervient alors un extraordinaire concours de perfidie,
où Alcibiade n'a pas le dessus.

Tous les stratèges accueillirent avec empressement
cette proposition d'Alcibiade, à l'exception d'un seul,

---

67. Les commandants des navires.

Phrynichos, du dème Deirades, qui, soupçonnant (ce qui était vrai) qu'Alcibiade ne se souciait pas plus de l'oligarchie que de la démocratie, qu'il cherchait à tout prix à obtenir son rappel, et qu'il commençait par dénigrer le peuple pour faire sa cour aux puissants et s'insinuer dans leur faveur, s'éleva contre sa proposition. Mais son avis ne prévalut pas, et, désormais ennemi déclaré d'Alcibiade, il envoya secrètement un message à Astyochos, commandant de la flotte ennemie, pour l'engager à surveiller Alcibiade et à l'arrêter, comme jouant un double jeu. Il ne se doutait pas que, traître lui-même, il s'adressait à un autre traître. En effet, Astyochos, qui tremblait devant Tissapherne et qui voyait qu'Alcibiade avait une grande influence auprès de lui, leur révéla à tous deux le message de Phrynichos. Alcibiade envoya aussitôt à Samos des gens chargés de dénoncer Phrynichos. Tous, indignés, se liguèrent contre Phrynichos, qui, ne voyant pas d'autre moyen de se tirer d'embarras, essaya de guérir le mal par un mal plus grand. Il dépêcha de nouveau un émissaire à Astyochos, pour se plaindre de sa dénonciation et lui offrir de lui livrer la flotte et le camp des Athéniens.

Cependant la trahison de Phrynichos ne nuisit pas aux Athéniens, à cause de la contre trahison d'Astyochos, qui, de nouveau, révéla tout à Alcibiade. Mais Phrynichos, qui le pressentait et qui s'attendait à une seconde dénonciation d'Alcibiade, la devança en annonçant aux Athéniens que les ennemis allaient les attaquer et en les engageant à rester à portée

de leurs vaisseaux et à fortifier leur camp. Les
Athéniens y travaillaient quand une nouvelle lettre
d'Alcibiade arriva, où il recommandait de surveiller
Phrynichos, attendu qu'il voulait livrer la base navale
aux ennemis. Les Athéniens ne le crurent pas : ils
pensèrent qu'Alcibiade, parfaitement au courant des
préparatifs et des projets des ennemis, en abusait pour
accuser Phrynichos contrairement à la vérité.

Plutarque, *Alcibiade*, 25, 6-13

*Une conjuration oligarchique s'organise à Samos, où
se trouve concentrée la plupart des troupes athéniennes. Les
conjurés envoient une délégation à Athènes, conduite par
Pisandre, qui a mission de plaider pour un changement
de régime et pour le rappel d'Alcibiade, deux conditions
pour se concilier le roi de Perse, puissant arbitre du conflit
entre les cités grecques.*

Les envoyés des Athéniens de Samos que conduisait
Pisandre arrivèrent à Athènes, où ils parlèrent devant
le peuple ; ils dirent surtout qu'Athènes pouvait,
en rappelant Alcibiade et avec une autre forme de
démocratie, avoir désormais l'alliance du Roi et
l'emporter sur les Péloponnésiens. Mais comme
beaucoup de protestations s'élevaient au sujet de
la démocratie, qu'en même temps les adversaires
d'Alcibiade clamaient qu'il serait scandaleux
qu'il rentrât après avoir violé les lois, comme les
Eumolpides et les Hérauts invoquaient les mystères,
cause de son exil, et adjuraient au nom des dieux

de ne pas le rappeler, Pisandre vint à la tribune,
face à tant d'opposition et de plaintes, pour appeler
et interroger individuellement ses contradicteurs ;
il leur demandait s'ils avaient un espoir de sauver
la cité, quand les Péloponnésiens n'avaient pas
moins de vaisseaux qu'eux pour les affronter sur
mer et avaient plus de cités alliées, quand le Roi
et Tissapherne donnaient de l'argent à l'ennemi,
quand eux-mêmes n'en avaient plus, à moins qu'on
ne décidât le Roi à passer de leur côté. Et à chaque
fois, sur leur réponse négative, il leur disait alors
nettement :

– Mais le seul moyen pour nous d'obtenir cela,
c'est d'adopter une politique plus sage et de confier
les charges à un nombre plus restreint, pour avoir
la confiance du Roi ; c'est, en décidant aujourd'hui,
de penser à notre salut plus qu'au régime (car nous
pourrons toujours y changer ensuite ce qui nous
déplaira) ; c'est enfin de rappeler Alcibiade, le seul
homme actuellement qui puisse réaliser cela.

Thucydide, 8, 53, 1-3

Finalement, les Athéniens envoient Pisandre négocier
avec Tissapherne et Alcibiade. Mais, continuant à vouloir
jouer la carte Tissapherne, Alcibiade se prend les pieds
dans sa propre stratégie.

La délégation athénienne de Pisandre était arrivée
auprès de Tissapherne et discutait de l'entente. Mais
comme Alcibiade ne se sentait pas très sûr du côté

de Tissapherne, qui craignait plutôt les Spartiates et voulait en outre, conformément aux propres conseils d'Alcibiade, user les adversaires l'un contre l'autre, il recourut à un système qui était de porter au maximum les exigences de Tissapherne vis-à-vis des Athéniens, pour empêcher l'accord. Je crois que Tissapherne avait pour sa part la même intention, mais c'était par peur, alors qu'Alcibiade, qui le voyait de toute façon hostile à un accord, voulait faire croire aux Athéniens que lui-même n'était pas impuissant à persuader Tissapherne, qu'au contraire celui-ci était tout persuadé et désireux d'un arrangement, mais qu'Athènes lui offrait trop peu. Parlant au nom de Tissapherne en sa présence, il exagéra en effet si bien ses exigences que, malgré une longue série de concessions des Athéniens, les responsabilités n'en furent pas moins rejetées sur eux ; car il réclama d'abord toute l'Ionie, puis une autre fois les îles avoisinantes et divers avantages ; et comme les Athéniens ne s'y opposaient pas, à la fin, arrivé à la troisième rencontre et craignant d'être absolument convaincu d'impuissance, il réclama pour le Roi le droit de construire des navires qui pourraient longer les côtes de son pays à son gré, en tout lieu et avec tout effectif. Alors les Athéniens trouvèrent que l'affaire n'était pas faite, qu'il n'y avait pas de solution et qu'Alcibiade les avait dupés ; ils repartirent fort en colère et gagnèrent Samos.

Thucydide, 8, 56, 1-5

La conjuration oligarchique finit par l'emporter à Athènes. Terrorisé et las de la guerre, le peuple athénien, réuni en assemblée extraordinaire, accepta de voter la suspension de la constitution existante, et la création d'un corps de quatre cents citoyens investis des pleins pouvoirs, et au sein duquel se recruteraient les magistrats. À la place de l'Assemblée, les Quatre Cents devaient établir une liste de cinq mille citoyens qui seraient convoqués quand on le jugerait bon.

Mais, à Samos, les soldats athéniens restent fidèles à la démocratie, dont l'un des plus fermes partisans Thrasybule, obtient le rappel d'Alcibiade, qui arrive à Samos sans avoir l'intention de se livrer à la moindre autocritique.

Alcibiade débarque à Samos en sauveur de la démocratie.

Chez les dirigeants athéniens de Samos, Thrasybule[68] surtout qui, après avoir renversé la situation, poursuivait toujours son même projet de faire revenir Alcibiade, finit par convaincre la masse des soldats réunis en assemblée ; et quand ils eurent voté le rappel d'Alcibiade en lui garantissant la sécurité, il se rendit chez Tissapherne et s'occupa de ramener Alcibiade à Samos, estimant que leur seule chance était que celui-ci fît passer Tissapherne du camp des Péloponnésiens dans le leur. Il y eut une assemblée, où Alcibiade se plaignit, et se lamenta du malheur que l'exil avait été pour lui personnellement et traita longuement des affaires publiques, offrant

---

68. Tête de file des démocrates à Samos, puis, plus tard, à Athènes.

pour l'avenir des espoirs considérables et vantant à l'excès son influence sur Tissapherne à plusieurs fins : à Athènes, il voulait intimider les maîtres de l'oligarchie et favoriser la désagrégation des sociétés de conjurés ; à Samos, accroître son propre prestige et renforcer la confiance ; chez les ennemis enfin, il voulait provoquer contre Tissapherne l'hostilité la plus vive qu'il pourrait et les précipiter du haut de leurs espérances. Alcibiade en tout cas faisait une promesse qui était bien le comble de la hâblerie : Tissapherne, disait-il, lui avait juré, tant qu'il lui resterait quelque chose à lui-même, et s'il pouvait donner sa confiance aux Athéniens, de ne pas les laisser manquer de subsides, dût-il à la fin vendre son propre lit ; les navires phéniciens qui étaient déjà à Aspendos seraient remis aux Athéniens, non aux Péloponnésiens ; mais il ne se fierait aux Athéniens que si Alcibiade en personne, revenu sain et sauf, s'en portait garant auprès de lui. En entendant cette déclaration parmi bien d'autres, les soldats le nommèrent stratège sur-le-champ en plus des stratèges précédents, et lui confièrent toutes les affaires.

Thucydide, 8, 81 – 82, 1

Rapidement, le ton monte entre les démocrates de Samos et les Quatre Cents d'Athènes. Les hommes de Samos demandent à Alcibiade de se mettre à leur tête pour aller en découdre. Sa réaction a été salutaire pour Athènes.

Il ne se comporta pas alors comme aurait pu le faire un homme élevé subitement au pouvoir par la faveur de la multitude et qui, satisfait de son sort, croirait devoir se soumettre immédiatement à tout et ne point contredire ceux qui, d'exilé errant qu'il était, l'avaient récemment fait stratège et mis à la tête d'une flotte si nombreuse, d'un camp et d'une armée si considérables. Il se conduisit en grand chef, sut résister à ses soldats emportés par la colère, les empêcha de faire une sottise et sauva manifestement, en cette occasion du moins, la ville d'Athènes. Si en effet ils avaient levé l'ancre pour voguer vers leur patrie, les ennemis auraient eu beau jeu pour s'emparer immédiatement et sans coup férir de toute l'Ionie, de l'Hellespont et des îles, tandis que des Athéniens auraient livré bataille à des Athéniens et porté la guerre dans la cité. Alcibiade seul, ou du moins plus que personne, écarta ce danger, non seulement en persuadant et en avertissant la foule, mais encore en prenant chaque homme en particulier pour supplier les uns et retenir de force les autres. Il était secondé par Thrasybule, du dème Steiria, qui l'accompagnait en criant ; car celui-ci avait, dit-on, la plus forte voix d'Athènes.

Plutarque, *Alcibiade*, 26, 4-6

Un deuxième service rendu à Athènes.

Voici un autre beau service qu'Alcibiade rendit à sa patrie après celui-là : il avait promis que la flotte

phénicienne, envoyée par le Roi et attendue par les
Spartiates, grâce à lui passerait du côté des Athéniens
ou du moins n'arriverait pas jusqu'aux ennemis ; il
s'embarqua donc en toute hâte, et la flotte, qu'on
avait vue à la hauteur d'Aspendos, fut arrêtée par
Tissapherne, qui trompa ainsi l'attente des Spartiates.
Alcibiade fut accusé par les deux partis, mais surtout
par les Spartiates, d'avoir détourné cette flotte, en
conseillant au barbare de laisser les Grecs se détruire
les uns par les autres. Il n'était pas douteux, en effet,
que celui des deux partis auquel une force aussi
considérable se serait jointe n'eût complètement
enlevé à l'autre la maîtrise de la mer.

Plutarque, *Alcibiade*, 26, 7-9

*Alcibiade continue à jouer la carte Tissapherne. Celui-ci
poursuit sa politique d'équilibre et ne veut pas livrer aux
Spartiates les navires phéniciens qu'il leur avait pourtant
promis.*

Mais quand Alcibiade apprit, que Tissapherne
se rendait à Aspendos, il en fit autant et partit avec
treize navires, en promettant aux gens de Samos de
leur rendre un service sûr et important ; car de deux
choses l'une : ou il amènerait, lui, la flotte phénicienne
aux Athéniens, ou du moins il l'empêcherait d'aller
chez les Péloponnésiens. Il connaissait, probablement,
depuis longtemps l'intention de Tissapherne de ne
pas amener la flotte, et il voulait le compromettre le
plus possible aux yeux des Péloponnésiens comme

étant son ami et celui des Athéniens : cela obligerait Tissapherne à pencher davantage pour Athènes. Alcibiade mit donc le cap vers l'est, droit sur Caunos et Phasélis[69].

Thucydide, 8, 88

Dans le même temps, il encourage les Athéniens qui veulent en finir avec les Quatre Cents.

De leur côté, quand les délégués des Quatre Cents furent revenus de Samos à Athènes, apportant le message d'Alcibiade qui exhortait les Athéniens à tenir sans rien céder à l'ennemi, et disait tous ses espoirs d'obtenir tant une réconciliation entre les Athéniens et l'armée que la victoire sur les Péloponnésiens, alors on vit, chez la plupart des membres de l'oligarchie, qui étaient déjà mécontents auparavant et ne demandaient qu'un moyen de liquider l'affaire sans risque, une résolution beaucoup plus ferme. Dès lors ils se mirent à former des groupes et à critiquer la politique ; ils avaient pour chefs des membres importants du mouvement oligarchique et du gouvernement, comme Théramène, fils d'Hagnon, Aristocrate, fils de Skélias, et d'autres encore qui, après avoir pris une part éminente dans les événements, se disaient maintenant effrayés : ils craignaient d'un côté, et très sérieusement, l'armée de Samos et Alcibiade ; ils craignaient aussi les délégués envoyés à Sparte, qui

---

69. Villes d'Asie Mineure.

risquaient, sans consulter la majorité des citoyens, de nuire à l'État : leur désir était de mettre fin à une oligarchie excessive, de donner aux Cinq Mille[70] une existence non plus nominale mais réelle, et d'établir plus d'égalité dans le régime. Mais si c'était là le plan politique dont ils parlaient, en fait, la plupart d'entre eux obéissait à leurs ambitions personnelles et tendait à faire ce qui est le plus sûr moyen de ruiner une oligarchie issue de la démocratie : d'emblée tous revendiquent d'avoir chacun pour soi la toute première place ; une démocratie au contraire comporte des élections dont on accepte mieux le résultat parce qu'on n'a pas le sentiment d'être rabaissé par ses pairs. Or ce qui les encouragea le plus nettement fut la forte position d'Alcibiade à Samos et l'impression que le régime oligarchique ne tiendrait pas ; ils rivalisaient donc, chacun voulant être le principal chef du parti populaire.

Thucydide, 8, 89, 1-4

À Athènes, un régime plus démocratique est rétabli. Alcibiade est rappelé.

lors de cette séance, les Athéniens mirent fin au régime des Quatre Cents et votèrent de confier le pouvoir aux Cinq Mille (en feraient partie tous ceux qui pouvaient s'armer en hoplites) ; en même temps, ils interdirent toute indemnité pour fonction publique

70. Voir page 118.

sous peine de malédiction. Ce qui excluait les moins favorisés des magistratures publiques. L'assemblée tint encore par la suite des réunions fréquentes, qui votèrent la désignation de nomothètes[71] et diverses mesures politiques. Et c'est alors que, pour la première fois, de mon temps du moins, Athènes eut, à ce qu'il apparaît, un gouvernement tout à fait bon[72] ; il s'était établi en effet un équilibre raisonnable entre les aristocrates et la masse, ce qui fut le premier facteur qui contribua à tirer la cité d'une situation devenue mauvaise. En outre, on décréta le rappel d'Alcibiade et d'autres bannis avec lui ; on envoya, tant auprès de lui qu'aux troupes de Samos, des messages leur demandant de prendre eux aussi les affaires en main.

Thucydide, 8, 97, 1-3

En 410, Alcibiade ne veut pas revenir à Athènes les mains vides. Il active ses préparatifs pour aller vers l'Hellespont, le contrôle des détroits étant essentiel pour le ravitaillement de la cité.

À la suite de ces événements, les Quatre Cents furent renversés, les amis d'Alcibiade se joignant alors avec zèle aux partisans de la démocratie. Les citoyens restés à Athènes voulant rappeler Alcibiade,

71. Membre d'une commission chargée de réviser la constitution.
72. Thucydide laisse apparaître ses opinions de démocrate modéré.

l'invitèrent à revenir ; mais, il n'entendait pas rentrer les mains vides et sans avoir rien fait, grâce à la pitié ou à l'engouement de la foule ; il aspirait à un retour glorieux. Aussi alla-t-il d'abord de Samos, avec quelques vaisseaux, croiser autour de Cnide et de Cos. Là, ayant appris que le Spartiate Mindaros faisait voile vers l'Hellespont avec toute sa flotte et que les Athéniens le poursuivaient, il se porta en toute hâte en renfort, auprès de leurs stratèges.

Plutarque, *Alcibiade*, 27, 1-2

Différents combats se déroulent dans l'Hellespont. Deux escales spartiates, commandées par Mindaros et Dorieus font la jonction.

Les Athéniens qui étaient revenus à leur rencontre, combattirent près d'Abydos, le long du rivage, jusqu'au soir, quoi qu'ils eussent commencé le matin. Ils étaient vainqueurs sur un point, vaincus sur l'autre, quand Alcibiade entre dans l'Hellespont avec dix-huit vaisseaux ; cette intervention amena la fuite des Péloponnésiens qui gagnèrent Abydos. Pharnabaze[73] alors arrive à la rescousse ; il s'avance à cheval dans la mer aussi loin qu'il peut pour y combattre, et il appelle à l'aide ses hommes, cavaliers et fantassins ; tandis que les Péloponnésiens, après avoir serré et aligné leurs navires, combattent près de la côte. La

---

73. Satrape de la Phrygie, allié des Spartiates.

flotte athénienne se retira, après s'être emparée de trente navires sans leurs équipages et avoir repris ceux qu'elle avait elle-même perdus, et gagna Sestos.

Xénophon, *Helléniques*, 1, 1, 5-7

Mais les affaires d'Alcibiade se gâtent.

Après ce brillant succès, Alcibiade, désireux de s'en faire honneur aussitôt aux yeux de Tissapherne, se munit de présents d'hospitalité et d'autres cadeaux et se rendit chez lui, avec une suite digne d'un général. Mais il ne fut pas reçu comme il s'y attendait : Tissapherne, dont les Spartiates se plaignaient depuis longtemps et qui redoutait d'être mis en cause par le Roi, jugea qu'Alcibiade arrivait à point. Il le fit arrêter et emprisonner à Sardes, dans l'espoir que cette injustice le débarrasserait des attaques dont il était l'objet.

Plutarque, *Alcibiade*, 27, 6-7

Ce coup du sort ne l'empêche pas de remporter la bataille de Cyzique, la plus belle de ses victoires.

Au bout de trente jours, Alcibiade, ayant trouvé le moyen de se procurer un cheval, échappa à ses gardiens et s'enfuit à Clazomènes. Il répandit perfidement le bruit que c'était Tissapherne lui-même qui l'avait laissé partir. Puis il gagna par mer le camp des Athéniens, et il apprit que Mindaros se trouvait avec Pharnabaze à Cyzique. Alors il enflamma l'ardeur des soldats, en leur disant que c'était pour eux une nécessité de livrer bataille sur terre et sur

mer et même, ma foi, d'attaquer les remparts des
villes ennemies, car on n'aurait pas d'argent si l'on
ne remportait une victoire complète. Puis il les fit
embarquer et relâcha à Proconnèse, où il ordonna
d'enfermer les vaisseaux légers à l'intérieur de la
flotte et de les y garder, afin que l'ennemi ne pût être
averti par aucun indice de son approche.

Plutarque, *Alcibiade*, 28, 1-3

Une bataille habilement menée.
Les préparatifs.

Du côté des Spartiates, Mindaros rassembla toute
sa flotte autour de l'île de Cyzique. [...] Pharnabaze
s'étant joint à lui avec des renforts importants, ils
prirent la ville. [...] À cette nouvelle, les généraux
athéniens jugèrent à propos d'avancer. [...] Ils
attendirent la nuit pour passer devant Abydos, afin
que l'ennemi ne pût connaître l'effectif de leurs
troupes et [...] dès le lendemain, firent transporter
leur infanterie et investirent la ville.

Diodore de Sicile, 13, 49, 4-6

Une belle ruse de guerre.

Les Athéniens scindèrent leur flotte en trois
escadres, dirigées par Alcibiade, Théramène, et
Thrasybule. Alcibiade s'avança le premier pour
provoquer les ennemis au combat, tandis que
Théramène et Thrasybule restaient en arrière pour
leur fermer toute retraite du côté de la terre. Mindaros,

ne voyant que l'escadre d'Alcibiade, fonça sur elle
avec quatre-vingts navires. Dès qu'il s'approcha, les
vaisseaux athéniens, comme convenu, firent semblant
de prendre la fuite. Les Péloponnésiens ne manquèrent
pas de les poursuivre et, dès qu'Alcibiade les vit
éloignés du rivage, il leva le signal qui devait prévenir
les siens et lui-même se retourna contre les ennemis.
À ce signal, Théramène et Thrasybule cinglèrent du
côté de la ville et se rangèrent de façon à en interdire
l'abord. [...] Mindaros, découvrant que le retour dans
la ville lui était interdit, fut contraint de fuir vers
un point de la côte, où Pharnabaze avait des troupes.
[...] Alcibiade le poursuivit, coula une partie de ses
vaisseaux, en prit d'autres, et, jetant des mains de
fer sur ceux qui avaient déjà touché la terre, il les
forçait à revenir en mer.

Diodore de Sicile, 13, 50, 1-5

Malgré leur infériorité numérique, les Athéniens
l'emportent.

Les soldats de Pharnabaze plièrent les premiers,
rompirent les rangs et s'enfuirent, de sorte que
Cléarque et ses soldats spartiates, malgré leur courage
et leur résistance, furent pour ainsi dire poussés hors
de leurs positions. [...] Mindaros se retourna contre les
vaisseaux d'Alcibiade, contre-attaqua avec héroïsme,
en s'exposant le premier à tous les périls [...] Jusqu'à
ce qu'enfin il fût tué lui-même, d'une manière digne
de sa patrie, et laissa ainsi la victoire à Alcibiade.

À la vue de la mort de Mindaros, l'armée spartiate s'enfuit, saisie de douleur et d'épouvante.

Diodore de Sicile, 13, 51, 4-6

La nouvelle est accueillie à Athènes dans la liesse.

Dès que la nouvelle fut transmise à Athènes, le peuple tout entier, à qui les malheurs précédents avaient fait perdre l'espoir de tels succès, se laissa emporter par une joie sans borne. On faisait partout des sacrifices aux dieux et des processions joyeuses. Après quoi, l'on choisit pour renforts mille fantassins d'élite et cent cavaliers que l'on envoya à Alcibiade avec trente vaisseaux supplémentaires afin que, la flotte étant maîtresse de la mer, il pût attaquer sans crainte toutes les villes maritimes alliées de Sparte.

Diodore de Sicile, 13, 52, 1

Après la bataille, le comportement des troupes : tel général, tels soldats...

Les soldats qui avaient combattu avec Alcibiade furent tellement exaltés et enorgueillis de leur victoire qu'ils dédaignaient de se mêler aux autres qui avaient été plusieurs fois vaincus, eux, les invincibles. C'est qu'en effet, peu de temps auparavant, Thrasyllos[74] avait subi un échec à Éphèse, dont les habitants avaient érigé un trophée de bronze à la honte des

---

74. Stratège athénien, collègue d'Alcibiade.

Athéniens. Voilà ce que les soldats d'Alcibiade reprochaient à ceux de Thrasyllos ; ils se glorifiaient, eux et leur stratège, et refusaient de partager avec les autres leurs exercices et leur campement. Mais lorsque Pharnabaze, à la tête d'un nombreux corps de cavalerie et d'infanterie, tomba sur eux lors d'une incursion qu'ils faisaient dans la région d'Abydos, et qu'Alcibiade et Thrasyllos ensemble, accourant à leur secours, eurent mis en fuite et poursuivi Pharnabaze jusqu'à la nuit, alors les deux troupes fraternisèrent et retournèrent au camp en se donnant réciproquement des marques d'amitié et de satisfaction. Le lendemain, après avoir élevé un trophée, Alcibiade alla ravager le pays de Pharnabaze, sans que personne n'osât s'y opposer. Il prit des prêtres et des prêtresses, mais les renvoya sans rançon.

Plutarque, *Alcibiade*, 29, 1-5

Curieusement, il reste inactif pendant dix-huit mois, puis repart en campagne, en faisant preuve de panache et de mesure.

Il partit ensuite pour l'Hellespont afin d'y lever des contributions, et il prit Sélymbria, où une circonstance imprévue l'amena à exposer sa vie. Ceux qui devaient lui livrer la ville étaient convenus avec lui d'élever une torche allumée, au milieu de la nuit. Mais ils furent forcés de donner ce signal avant le moment fixé, par crainte de l'un des conspirateurs qui avait subitement changé d'avis. La torche fut donc brandie avant que l'armée ne fût prête. Alcibiade, prenant avec lui une trentaine de ceux qui l'entouraient, courut vers les remparts, après avoir ordonné aux autres de le suivre en toute hâte. On lui ouvrit la porte, et, vingt peltastes[75] s'étant joints à ses trente hommes, il se précipita dans la ville, mais il s'aperçut tout de suite que les Sélymbriens couraient en armes à sa rencontre. Ne voyant pas de salut dans la résistance, mais trop fier pour fuir, lui qui jusqu'à ce jour avait été invincible dans ses campagnes, il commanda le silence au son de la trompette et fit crier par un de ceux qui étaient avec lui : « Que les Sélymbriens ne prennent pas les armes contre les Athéniens ! » Cette proclamation émoussa l'ardeur des uns pour le combat (car ils crurent que toute l'armée ennemie était dans la ville) et adoucit les autres par l'espoir d'un accommodement. Tandis que s'engageaient les pourparlers, l'armée rejoignit Alcibiade. Celui-ci, conjecturant, ce qui était exact, que les Sélymbriens étaient disposés à faire la paix, craignit que leur ville ne fût pillée par les Thraces, car ceux-ci étaient nombreux à servir dans son armée avec zèle, par attachement et dévouement à sa personne. Il les renvoya tous hors de la ville et, touché par les prières des Sélymbriens, il ne leur fit aucun mal. Il se contenta d'exiger d'eux de l'argent et de leur imposer une garnison, puis il se retira.

Plutarque, *Alcibiade*, 30, 3-10

75. Soldats d'infanterie légère, armés de la pelte, petit bouclier de bois ou d'osier.

Il prend Byzance de haute lutte.

Alcibiade partit pour l'Hellespont puis la Chersonèse, pour y recueillir des fonds. [...] Ainsi, il fit un important recrutement de Thraces et vint retrouver Théramène devant Byzance. [...] Ils avaient affaire à une ville forte et le Spartiate Cléarque avait avec lui un grand nombre de soldats péloponnésiens. Mais Cléarque s'étant avisé de sortir de la ville pour aller demander un secours d'argent à Pharnabaze, certains Byzantins qui le haïssaient en profitèrent pour proposer à Alcibiade de lui ouvrir la ville. On convint donc de la manœuvre suivante. Les Athéniens firent semblant de lever le siège, en mettant les navires à la voile. Mais dès le lever du jour suivant, ils ramenèrent les bateaux tout près des portes.

Diodore de Sicile, 13, 66, 3 – 67, 1

Alcibiade feint d'attaquer le port en force.

Les soldats spartiates et les Byzantins qui n'étaient pas de la conjuration ne manquèrent pas de courir en foule à la défense du port. Aussitôt les conjurés envoyèrent le signal sur les murailles et lancèrent des échelles aux soldats d'Alcibiade, qui arrivèrent ainsi sur les remparts, sans avoir couru aucun danger, la garnison combattant ailleurs. [...] Or, quoique les Athéniens fussent devenus maîtres de la ville, les soldats de la garnison combattirent encore longtemps, avec le soutien de la majorité des

Byzantins. Et les assiégeants ne seraient pas venus à bout de leur entreprise si Alcibiade, considérant la situation, n'avait fait proclamer à haute voix qu'on ne ferait aucun tort aux citoyens. Cette proclamation fit que les Byzantins, prenant avant tout en compte l'intérêt de leur ville, tournèrent leurs armes contre les Péloponnésiens.

[Après avoir pris la ville] Alcibiade la rendit aussitôt aux Byzantins, en les mettant au nombre des alliés d'Athènes.

Diodore de Sicile, 13, 67, 2-7

Cette fois, Alcibiade estime qu'il peut rentrer à Athènes où les avis sont partagés.

À son débarquement, on vit se rassembler du côté des vaisseaux la foule venue du Pirée et d'Athènes, pleine d'étonnement et désireuse de contempler Alcibiade ; les uns disaient qu'il était le plus capable des citoyens, en montrant que son exil n'était pas équitable, mais dû aux manœuvres de ceux qui, moins puissants que lui, compensaient leur faiblesse par la méchanceté de leur propos, et cherchaient leur propre intérêt en se mêlant des affaires publiques, tandis que lui-même ne cessait alors d'employer ses propres ressources et celles de la cité au bénéfice de l'État. Il voulait alors passer sans délai en justice, dès qu'il avait été inculpé d'impiété à l'égard des Mystères, mais ses ennemis, en faisant différer ce qui semblait une juste mesure, avaient profité de son

absence pour le priver de sa patrie ; c'est alors que
cette situation sans issue, le réduisant à l'esclavage,
l'avait obligé à servir ses pires ennemis, en risquant
continuellement et tous les jours d'être tué.

[...]

Les autres disaient qu'il était la seule cause des
maux passés, et que, pour les périls que la cité pouvait
redouter pour l'avenir, il risquait bien d'en prendre
à lui seul la responsabilité.

Xénophon, *Helléniques*, 1, 4, 13-15, 17

Alcibiade se méfie quand même.

Il n'aborda qu'avec crainte, et, en arrivant, il ne
descendit pas de sa trière avant d'avoir vu à terre, du
pont où il se tenait debout, son cousin Euryptolémos
avec beaucoup de ses autres parents et amis, qui lui
faisaient fête et l'invitaient à débarquer.

Plutarque, *Alcibiade*, 32, 2

Mais l'accueil est vraiment triomphal.

Mais à cette allégresse publique se mêlait une
grande tristesse, et, le souvenir des malheurs passés
leur revenait en mémoire face au spectacle de cette
félicité. Les gens se disaient que l'on n'aurait pas
échoué en Sicile et qu'aucune autre de leurs espérances
n'aurait été déçue s'ils avaient laissé Alcibiade à la
tête des affaires d'alors et de cette grande armée,
puisque à présent, ayant pris en charge la ville presque

chassée de la mer, sur terre à peine maîtresse de ses faubourgs et déchirée au dedans par les factions, il l'avait relevée de la triste et humiliante condition où elle se trouvait, et, non content de lui restituer l'empire de la mer, la rendait encore sur terre partout victorieuse de ses ennemis.

Plutarque, *Alcibiade*, 32, 4

La réhabilitation est complète. Et surtout, on l'élit stratège en lui votant les pleins pouvoirs.

Dès que la flotte fut entrée dans le port, on se pressa d'aller au-devant d'Alcibiade jusque dans son bateau et d'accompagner sa descente en le félicitant en même temps de ses succès et de son retour. De son côté, il reçut agréablement tout le monde, demanda la convocation d'une assemblée du peuple, devant laquelle il fit son apologie. On fut si ravi de l'entendre que la cité annula les décrets qu'on avait pris contre lui. On lui restitua tous ses biens qu'on avait fait vendre à l'encan ; on jeta dans la mer toutes les sentences qui proclamaient sa culpabilité. On obligea les Eumolpides à lever l'imprécation dont ils l'avaient chargé lorsqu'on l'avait accusé d'avoir profané les mystères. Enfin, en l'élisant général des troupes de mer et de terre, on mit entre ses mains toute l'autorité de l'État.

Diodore de Sicile, 13, 69, 1-3

L'apothéose, c'est cette procession vers Éleusis, qui sonne comme une revanche...

Depuis que Décélie avait été fortifiée et que les ennemis qui s'y trouvaient étaient maîtres des chemins qui menaient à Éleusis, la procession solennelle se faisait par mer sans aucun apparat ; car on était contraint d'omettre les sacrifices, les danses et beaucoup des rites que l'on accomplissait d'habitude sur la route, quand on conduisait Iacchos hors d'Athènes[76]. Alcibiade pensa donc qu'il serait beau, à la fois pour honorer les dieux et pour soigner sa réputation auprès des hommes, de rendre à cette fête son aspect traditionnel, en faisant la procession par terre et en la protégeant par les armes, quand elle passerait devant les ennemis. De la sorte, ou bien il discréditerait et humilierait profondément Agis[77], si celui-ci ne bougeait pas, ou bien il livrerait une bataille sainte et agréable aux dieux, pour la cause la plus sacrée et la plus noble sous les yeux de sa patrie, et il aurait tous ses concitoyens pour témoins de sa vaillance. Cette résolution une fois prise, il en fit part aux Eumolpides et aux Kéryces[78], puis il plaça des sentinelles sur les hauteurs, envoya des éclaireurs en avant à la pointe du jour ; enfin, prenant

76. Chaque année, pour la célébration des Mystères d'Éleusis, les Athéniens s'y rendaient en grande procession officielle, avec la statue d'Iacchos, nom mystique de Dionysos.

77. Le roi de Sparte.

78. Voir note 54, p. 100.

avec lui les prêtres, les mystes[79] et les mystagogues[80], il les environna de ses troupes en armes et les conduisit en ordre et en silence. Cette expédition religieuse offrit un spectacle si auguste, et si digne des dieux que ceux qui ne jalousaient pas Alcibiade le saluèrent du nom d'hiérophante et de mystagogue. Aucun ennemi n'osa l'attaquer et il ramena la procession en sûreté dans la ville. Ce succès l'emplit d'orgueil et exalta tellement son armée qu'elle se crut invincible et irrésistible tant qu'elle l'aurait pour stratège.

Plutarque, *Alcibiade*, 34, 4-7

Alcibiade repart en campagne pour assister à la défaite de Notion en 406.

Il semble que, s'il y eut jamais un homme victime de sa propre renommée, ce fut Alcibiade. Ses succès lui avaient valu une si grande réputation d'audace et d'intelligence que, lorsqu'il manquait une entreprise, on soupçonnait que c'était faute d'application et que l'on ne croyait pas que c'était par impuissance ; car s'il s'y fût appliqué, pensait-on, rien ne lui aurait échappé. Les Athéniens s'attendaient à apprendre la prise de Chios et du reste de l'Ionie. Aussi se fâchèrent-ils quand ils surent qu'il n'avait pas tout exécuté, vite et sur-le-champ, comme ils l'auraient voulu. Ils ne réfléchissaient pas au fait qu'il manquait d'argent et que, faisant la guerre à des gens qui recevaient du

79. Les initiés.
80. Prêtres qui président aux Mystères, avec les hiérophantes.

Roi d'abondantes ressources, il était souvent obligé
de quitter son camp et de partir en expédition pour
se procurer de quoi payer et nourrir ses troupes.
C'est de là que prit naissance le dernier grief dont
on le chargea : Lysandre, envoyé par les Spartiates
pour commander la flotte, donnait à ses matelots
quatre oboles au lieu de trois, sur l'argent qu'il avait
reçu de Cyrus[81]. Alcibiade, qui avait déjà bien de la
peine à en donner trois aux siens, partit pour la Carie
afin d'y ramasser de l'argent. Celui à qui il laissa le
commandement de la flotte, Antiochos, était un
bon pilote, mais un homme sot et commun. Il avait
reçu d'Alcibiade l'ordre de ne pas livrer de bataille
navale, même s'il était provoqué par les ennemis,
Mais, méprisant l'ennemi, comme un bravache
qu'il était, il arma sa trière et une autre, et, cinglant
sur Éphèse, il passa le long des proues des navires
ennemis, en faisant et disant mille extravagances et
bouffonneries. Tout d'abord, Lysandre prit le large
avec quelques vaisseaux et lui donna la chasse ; les
Athéniens alors arrivant à la rescousse, il fit sortir
tous ses vaisseaux et les battit, tua Antiochos, captura
un grand nombre de vaisseaux et d'hommes et dressa
un trophée. Alcibiade, ayant appris cela, revint à
Samos, sortit avec toute sa flotte et offrit la bataille
à Lysandre ; mais celui-ci se contenta de sa victoire
et ne sortit pas à sa rencontre.

Plutarque, *Alcibiade*, 35, 3-8

---

81. Le grand roi perse.

Mais Alcibiade est accusé d'être responsable de la défaite.

Il y avait dans le camp des gens qui haïssaient Alcibiade. L'un d'eux, Thrasybule, fils de Thrason, qui était son ennemi, partit pour l'accuser à Athènes. Pour exciter le peuple, il déclara dans l'assemblée qu'Alcibiade avait gâté les affaires et perdu la flotte, parce que, négligeant ses devoirs de chef, il abandonnait le commandement aux mains d'hommes devenus très influents auprès de lui par leur ivrognerie et leurs bouffonneries de matelots ; ainsi lui-même pouvait-il tranquillement naviguer partout pour amasser de l'argent et se livrer à la boisson et à la débauche avec des courtisanes d'Abydos et d'Ionie, alors que les navires ennemis étaient mouillés à une faible distance. On lui reprochait aussi de s'être construit une forteresse en Thrace, près de Bisanthè, pour lui servir de refuge, comme s'il ne pouvait ni ne voulait vivre dans sa patrie. Les Athéniens, persuadés, élurent d'autres stratèges, montrant ainsi leur colère et leur animosité contre lui. En apprenant cela, Alcibiade prit peur, quitta définitivement le camp et, rassemblant des mercenaires, fit la guerre pour son compte aux Thraces, qui n'avaient pas de roi.

Plutarque, *Alcibiade*, 36, 1-5

LE SECOND EXIL ET LA MORT

406-404

L'acte final de la guerre du Péloponnèse va se jouer avec la bataille d'Aegos Potamoi en 404. Le hasard veut que la résidence d'Alcibiade en ait été proche. En 480, Aristide, exilé à la suite d'un vote d'ostracisme intervenu à l'instigation de Thémistocle, se trouvait près de Salamine au moment de l'invasion perse. Il n'avait pas hésité à transmettre à Thémistocle qui commandait les forces athéniennes, de précieux renseignements sur les mouvements de la flotte perse. Soixante-seize ans après, Alcibiade fait la même démarche – avec moins de succès.

Alcibiade cependant avait vu de son château fort les Athéniens qui, au mouillage sur une simple plage, et aucune ville à proximité, faisaient venir leurs vivres de Sestos, – à près de trois km des vaisseaux –, pendant que leurs ennemis, établis dans un port et près d'une ville, avaient tout ce qu'il leur fallait : il leur dit qu'ils n'étaient pas dans un bon mouillage, et leur conseilla de le quitter pour celui de Sestos, où ils trouveraient un port et une ville ; une fois là, dit-il, vous combattrez quand vous voudrez. Mais les stratèges, et en particulier Tydeus et Ménandros, lui donnèrent l'ordre de s'en aller : « C'est nous qui sommes stratèges, et non plus toi ». Il se retira.

Xénophon, *Helléniques*, 2, 1, 25-26

La flotte athénienne est écrasée. Les Spartiates favorisent à Athènes la prise de pouvoir par les Trente, qui abolissent la démocratie. Alcibiade décide de se réfugier auprès du roi de Perse.

Dès lors, Alcibiade craignant les Spartiates à présent maîtres de la mer comme de la terre, passa en Bithynie. Il y fit porter beaucoup d'argent, en prit beaucoup avec lui et en laissa encore davantage dans la forteresse qu'il habitait. En Bithynie, il perdit de nouveau beaucoup de ses biens, qui furent pillés par les Thraces de ce pays. Il résolut alors de monter auprès d'Artaxerxès[82], persuadé qu'il ne paraîtrait pas inférieur à Thémistocle, si le Roi le mettait à l'épreuve, d'autant qu'il avait un motif plus noble, car ce n'était pas, comme Thémistocle, contre ses concitoyens, mais pour sa patrie et contre ses ennemis qu'il offrirait ses services et implorerait la puissance du Roi. Quant aux moyens de monter vers le Roi en toute sûreté, il pensa que Pharnabaze était le plus capable de les lui donner et il alla le trouver en Phrygie, où il passa quelque temps en sa compagnie, lui faisant la cour et traité par lui avec honneur.

Plutarque, *Alcibiade*, 37, 6-8

Écrasés et soumis à la tyrannie mise en place par les Spartiates, les Athéniens rêvent d'un second retour d'Alcibiade.

82. Roi de Perse de 404 à 358 ; qui venait donc d'accéder au trône.

Les Athéniens supportaient avec peine la perte de leur hégémonie, mais, lorsque le général spartiate Lysandre leur eut encore ôté la liberté et eut livré la ville aux Trente, les réflexions qu'ils n'avaient pas faites, quand ils étaient encore en état de se sauver, leur vinrent à l'esprit alors que tout était perdu : ils déploraient, en les repassant dans leur mémoire, leurs fautes et leurs erreurs, dont la plus grande était à leurs yeux le deuxième accès de colère qu'ils avaient eu contre Alcibiade. Il avait été rejeté sans aucun tort de sa part, et, sous prétexte qu'ils en voulaient à un sous-ordre qui avait perdu honteusement quelques vaisseaux, ils avaient eux-mêmes plus honteusement encore enlevé à la ville le meilleur et le plus vaillant de ses stratèges. Et cependant, en dépit de leur situation présente, ils gardaient un faible espoir que les affaires d'Athènes n'étaient pas entièrement perdues tant qu'Alcibiade vivrait. Puisque, se disaient-ils, dans son premier exil, il n'avait pu se résoudre à mener une vie oisive et tranquille, il n'allait pas non plus à présent, s'il disposait des moyens nécessaires, laisser libre cours à l'insolence des Spartiates et à la brutalité des Trente.

Plutarque, *Alcibiade*, 38, 1-3

Les Trente convainquent les Spartiates de la nécessité d'en finir.

D'ailleurs, ces rêves de la foule n'étaient pas déraisonnables, puisque les Trente eux-mêmes étaient

tracassés par la même idée, s'informaient avec soin
et tenaient le plus grand compte de ce que faisait et
projetait Alcibiade. À la fin, Critias[83] représenta à
Lysandre que, si la démocratie était rétablie à Athènes,
les Spartiates ne seraient plus assurés de tenir la
Grèce en leur pouvoir et que, même si les Athéniens
se trouvaient très bien et favorablement disposés
pour l'oligarchie, Alcibiade, tant qu'il vivrait, ne
les laisserait pas s'accommoder tranquillement de
l'ordre nouveau. Cependant Lysandre ne se rendit
point à ses raisons avant d'avoir reçu des autorités de
Sparte une scytale[84] qui lui ordonnait de se défaire
d'Alcibiade, soit que les Spartiates eussent peur
eux aussi de l'intelligence et de l'esprit d'entreprise
du personnage, soit qu'ils voulussent complaire à
Agis.

Plutarque, *Alcibiade*, 38, 4-6

La mort.

Lysandre déclara à Pharnabaze que l'accord du
grand roi avec Sparte serait annulé si Alcibiade ne lui
était livré vivant ou mort. L'énergie, en face de sa mise
en demeure, abandonna le satrape qui aima mieux
sacrifier les droits de l'humanité que de voir le grand
Roi perdre quoi que ce fût. Il fut donc amené à envoyer
Susamithrès et Bagée vers Alcibiade pour le tuer au

83. L'un des plus influents des Trente.
84. Parchemin enroulé sur un bâton où sont écrites les dépêches
d'État.

moment où ce dernier était en Phrygie et se disposait à aller trouver le grand Roi. Les deux émissaires s'alliant en secret avec tout ce qui vivait aux alentours de la résidence actuelle d'Alcibiade, donnent pour mot d'ordre de le tuer. Les gens du pays, n'osant l'attaquer armes en main, choisissent la nuit pour accumuler du bois tout autour d'un abri dans lequel il prenait son repos, y mettent le feu et chargent l'incendie d'une victoire qu'ils renoncent à demander à la force. Mais Alcibiade, que le crépitement de la flamme réveilla, voyant que son épée lui avait été soustraite, prit à son compagnon le poignard qu'on porte sur soi : il avait en effet auprès de lui un Arcadien attaché à lui par des liens d'hospitalité, qui n'avait jamais voulu le quitter. Il dit à cet homme de venir avec lui, et tous les vêtements qu'il trouva, il les prend à la hâte et les jette sur le feu au beau milieu duquel il arrive à passer. Les barbares l'ayant vu échapper à l'incendie lancèrent de loin une grêle de traits qui le tuèrent et sa tête fut portée à Pharnabaze. Cependant une femme qui vivait avec lui l'enveloppa d'un vêtement à elle et le bûcher servit à consumer après sa mort celui qu'il était destiné à brûler vif. Voilà comment Alcibiade, âgé d'environ quarante ans[85], termina ses jours.

Cornélius Népos, *Alcibiade*, 10, 2-6

Mais l'ambiguïté accompagnera Alcibiade jusqu'au bout. On ne prête qu'aux riches...

---

85. En fait, il devait avoir 47 ans.

Mais quelques écrivains, tout en racontant la mort d'Alcibiade comme je viens de le faire, prétendent que ce n'est ni Pharnabaze, ni Lysandre, ni les Spartiates qui en furent la cause, mais Alcibiade lui-même. Il avait séduit une jeune femme de bonne famille et la gardait avec lui, et ce sont les frères de cette femme qui, exaspérés par cet outrage, mirent pendant la nuit le feu à la maison où il vivait et l'abattirent, au moment où il sautait au travers du feu pour sortir.

Plutarque, *Alcibiade*, 39, 9

QUELQUES BONS MOTS
D'ALCIBIADE

Un mot d'enfant.

Un jour qu'il s'exerçait à la lutte, pressé par son adversaire et craignant d'être renversé, il amena jusqu'à sa bouche les bras qui l'étreignaient, et fit mine de les dévorer. L'autre lâcha prise, en s'écriant :

— Tu mords comme les femmes, Alcibiade.

— Non, dit-il, mais comme les lions.

Plutarque, *Alcibiade*, 2, 2

Un autre mot d'enfant.

Le trésor de la Confédération athénienne a été confié à la garde de Périclès, qui n'en a pas fait un usage orthodoxe. Il doit rendre des comptes et se montre particulièrement préoccupé.

Tandis qu'il se tourmentait pour cela, son neveu Alcibiade, un orphelin élevé chez lui, un enfant encore, lui trouva le moyen de se justifier : il avait remarqué le chagrin de son oncle et lui en demande la raison.

— C'est, répondit Périclès, qu'on me demande de justifier l'emploi de l'argent et je cherche comment je pourrais en rendre compte aux citoyens.

– Tu dois chercher, dit Alcibiade, non pas à en rendre compte, mais à ne pas le rendre.

Diodore de Sicile, 12, 38, 2-4

En 418, après Mantinée, les habitants de Patras doivent se protéger de Sparte.

Il persuada les citoyens de Patras de relier leur ville à la mer par de longs murs. Quelqu'un ayant dit aux gens de Patras :

– Les Athéniens vous avaleront.

– Peut-être, repartit Alcibiade, mais petit à petit et en commençant par les pieds, tandis que les Spartiates vous avaleront par la tête et d'une seule bouchée.

Plutarque, *Alcibiade*, 15, 6

ALCIBIADE ÉTAIT-IL DÉMOCRATE ?

*Alcibiade a été souvent suspect aux yeux des démocrates,
comme le rappelle Thucydide, dans cet extrait du livre 6,
consacré à l'expédition de Sicile en 415.*

Effrayé de l'extrême indépendance qu'il montrait
dans sa manière de vivre, comme de la portée de
ses vues dans chacune de ses entreprises, le peuple,
persuadé qu'il aspirait à la tyrannie, devint son
ennemi ; et, bien que, pour la cité, il eût pris les
meilleures dispositions dans la guerre, comme les
Athéniens ne pouvaient supporter ses frasques privées,
il ne tardèrent pas à perdre la cité en confiant les
affaires à d'autres.

Thucydide, 6, 15, 4

*S'adressant aux Spartiates, après sa fuite de Sicile, il
semble donner clairement corps à cette suspicion.*

– La démocratie, en effet, nous savions, nous les gens
sensés, ce qu'elle vaut – et, moi tout aussi bien qu'un autre,
d'autant plus que, comme elle m'a fait le plus grand mal,
je pourrais l'accabler. Mais d'une folie universellement
reconnue pour telle, comment ne rien dire de nouveau ?
La transformer cependant nous paraissait hasardeux quand
vous étiez là, postés près de nous en ennemis.

Thucydide, 6, 89, 6

_En 411, réfugié chez Tissapherne, c'est aux oligarques
de l'armée athénienne de Samos qu'il fait des avances._

Alcibiade, sachant cela, envoya un message secret
aux Athéniens influents de Samos, en leur faisant
espérer qu'il leur ménagerait l'amitié de Tissapherne,
non point, disait-il, pour gagner les faveurs du peuple,
auquel il ne se fiait pas, mais pour plaire aux nobles,
s'ils osaient agir en hommes de cœur, mettre un
terme à l'insolence du peuple, et, prenant en main
le gouvernement, rétablir la situation de la ville.

Plutarque, _Alcibiade_, 25, 5

_Beaucoup de ses contemporains ont dénoncé une attitude
méprisante à l'égard du peuple._

Et ce qu'il y a de plus fort c'est qu'avec de tels
sentiments il se donne, dans ses discours, comme un
ami de la démocratie et traite les autres d'aristocrates
et d'ennemis du peuple, et cet homme dont la conduite
mériterait la mort est chargé par vous d'accuser les
citoyens suspects ; il se donne pour le gardien de la
constitution alors qu'il ne consent à être l'égal d'aucun
Athénien et qu'une supériorité médiocre n'est pas de
son goût. Il vous tient en tel mépris qu'il passe sa vie
à vous flatter en masse, tandis qu'individuellement il
vous outrage.

Andocide, _Contre Alcibiade_, 16

Il montre que la démocratie n'est rien, car il parle
comme un conseiller du peuple et agit comme un

tyran, sachant bien que vous avez souci du mot et non de la chose.

Andocide, Contre Alcibiade, 27

Pourtant, il n'a jamais tenté un coup d'état, même quand la situation s'y prêtait.

Sa conduite comme citoyen ne doit pas non plus être passée sous silence, puisque, aussi bien, il ne négligea point la politique, et il se montra bien supérieur aux gens les plus renommés par son amour de la démocratie ; car vous trouverez que les autres luttaient pour leur intérêt et que lui s'exposait au péril pour votre avantage. Ce n'est pas quand l'oligarchie le chassait, mais quand elle lui faisait des avances, qu'il se montrait dévoué à la démocratie ; et, quand souvent il lui fut possible non seulement de commander avec quelques autres, mais de les dominer, il refusa et aima mieux être frappé injustement par l'État que trahir la constitution.

Isocrate, Sur l'attelage, 36

Même quand, à son retour de 407, une partie du peuple le pousse à agir.

En outre, il gagna si bien l'affection du bas peuple et des pauvres qu'ils éprouvèrent un désir passionné de l'avoir pour tyran ; quelques-uns même lui en firent la proposition et vinrent l'exhorter à se mettre au-dessus de l'envie, à abolir les décrets, les lois et les bavardages qui perdaient la cité, afin de pouvoir agir et disposer des affaires sans craindre les sycophantes.

Que pensait-il lui-même de la tyrannie ? On l'ignore. Mais les plus puissants des citoyens prirent peur et s'évertuèrent à hâter son départ ; ils lui accordèrent tout ce qu'il voulut et les collègues qu'il demanda.

Plutarque, *Alcibiade*, 34, 7 ; 35, 1

La démocratie et Alcibiade ont eu, d'ailleurs, les mêmes ennemis.

Tant que la démocratie subsistait sans interruption, personne n'aurait pu vous en convaincre, mais les luttes civiles ont montré clairement quels étaient les démocrates, les oligarques, les indifférents et ceux qui prétendaient profiter des deux partis. Or pendant ce temps mon père fut deux fois chassé par vos ennemis : la première, dès qu'ils se furent débarrassés de lui, ils abolirent la démocratie ; la seconde, à peine vous eurent-ils asservis qu'ils le condamnèrent à l'exil avant tout autre citoyen.

Isocrate, *Sur l'attelage*, 37

Au moment où ils fomentent une conspiration à Samos, en 412, les partisans de l'oligarchie se méfient de lui.

Les Athéniens de Samos qui participaient au projet se proposèrent de laisser Alcibiade de côté, vu son refus (et de fait, il n'était pas, disaient-ils, l'homme qu'il fallait dans une oligarchie), et de ne s'en rapporter qu'à eux-mêmes – puisque aussi bien ils étaient déjà compromis – pour veiller à la façon de continuer l'entreprise.

Thucydide, 8, 63, 4

Même réaction chez les Athéniens qui préparent le coup d'état des Quatre Cents à Athènes.

Phrynichos[86] aussi se distingua entre tous par son ardeur exceptionnelle en faveur de l'oligarchie, parce qu'il craignait Alcibiade et savait que celui-ci connaissait toutes ses démarches de Samos auprès d'Astyochos[87], or il supposait que normalement une oligarchie ne rappellerait jamais Alcibiade. Et en face des dangers, une fois engagé, il se montra de beaucoup l'homme sur qui on pouvait le plus compter.

Thucydide, 8, 68, 3

En fait, l'ambiguïté que l'on constate chez Alcibiade est à mettre en parallèle avec l'ambiguïté de la démocratie athénienne elle-même, fière de ses principes mais très arrogante et tyrannique vis-à-vis des cités maritimes « alliées ».

D'autre part, l'exercice de la démocratie n'exclut pas une tension permanente entre dévouement civique et affirmation de l'individu. Le Ve siècle vit fleurir à Athènes l'enseignement des Sophistes qui affirmaient volontiers qu'il pouvait y avoir antagonisme entre les lois de la nature et

86. Un des conjurés, voir p. 114.
87. Amiral de Sparte.

*celles de la cité. Calliclès qui nous est présenté comme l'un
de leurs élèves pousse jusqu'à l'extrême les implications de
cette thèse.*

    – Or, le plus souvent, la nature et la loi s'opposent
l'une à l'autre. Si donc, par pudeur, on n'ose pas dire
ce qu'on pense, on est forcé de se contredire. C'est un
secret que tu as découvert, toi aussi[88], et tu t'en sers
pour dresser des pièges dans la dispute. Si l'on parle
en se référant à la loi, tu interroges en te référant à
la nature, et si l'on parle de ce qui est dans l'ordre
de la nature, tu interroges sur ce qui est dans l'ordre
de la loi. C'est ainsi, par exemple, qu'à propos de
l'injustice commise et subie, tandis que Polos parlait
de ce qu'il y a de plus laid selon la loi, tu poursuivais
la discussion en te référant à la nature. Car, selon la
nature, tout ce qui est plus mauvais est aussi plus
laid, comme de souffrir l'injustice, tandis que, selon
la loi, c'est la commettre. Ce n'est même pas le fait
d'un homme, de subir l'injustice, c'est le fait d'un
esclave, pour qui la mort est plus avantageuse que
la vie, et qui, lésé et bafoué, n'est pas en état de se
défendre, ni de défendre ceux auxquels il s'intéresse.
Mais, selon moi, les lois sont faites par les faibles
et par le grand nombre. C'est pour eux et dans leur
intérêt qu'ils les font et qu'ils distribuent les éloges
ou les blâmes ; et, pour effrayer les plus forts, ceux
qui sont capables d'avoir l'avantage sur eux, pour les
empêcher de l'obtenir, ils disent qu'il est honteux et

---

88. Calliclès s'adresse à Socrate.

injuste d'ambitionner plus que sa part et que c'est en cela que consiste l'injustice, à vouloir posséder plus que les autres ; quant à eux, j'imagine qu'ils se contentent d'être sur le pied de l'égalité avec ceux qui valent mieux qu'eux.

Voilà pourquoi, dans l'ordre de la loi, on déclare injuste et laide l'ambition d'avoir plus que le commun des hommes, et c'est ce qu'on appelle injustice. Mais je vois que la nature elle-même proclame qu'il est juste que le meilleur ait plus que le pire et le plus puissant que le plus faible. Elle nous montre par mille exemples qu'il en est ainsi et que non seulement dans le monde animal, mais encore dans le genre humain, dans les cités et les races entières on a jugé que la justice voulait que le plus fort commandât au moins fort et fût mieux partagé que lui. De quel droit, en effet, Xerxès porta-t-il la guerre en Grèce et son père en Scythie, sans parler d'une infinité d'autres exemples du même genre qu'on pourrait citer ? Mais ces gens-là, je pense, agissent selon la nature du droit et, par Zeus, selon la loi de la nature, mais non peut-être selon la loi établie par les hommes. Nous formons les meilleurs et les plus forts d'entre nous, que nous prenons en bas âge, comme des lionceaux, pour les asservir par des enchantements et des prestiges, en leur disant qu'il faut respecter l'égalité et que c'est en cela que consistent le beau et le juste. Mais qu'il paraisse un homme d'une nature assez forte pour secouer et briser ces entraves et s'en échapper, je suis sûr que, foulant aux pieds nos écrits, nos prestiges, nos incantations et toutes les lois contraires à la nature, il se révoltera, et que nous verrons apparaître notre maître dans cet homme qui était notre esclave ; et alors le droit de la nature brillera dans tout son éclat.

Platon, *Gorgias*, 482e ; 483 ; 484a

CHRONOLOGIE

451 avant J.-C. – date approximative de la naissance d'Alcibiade.

447 – mort de son père. Adoption par Périclès.

432 – début de la guerre du Péloponnèse. Participe au siège de Potidée avec Socrate.

429 – mort de Périclès.

424 – prend part à la bataille de Délion avec Socrate.

421 – paix de Nicias entre Athènes et Sparte.

420 – débuts politiques d'Alcibiade. Il est élu stratège pour la première fois.

419 – Il est réélu stratège et dirige une expédition dans le Péloponnèse.

417 – Il réussit à éviter un vote d'ostracisme qui le visait.

415 – expédition de Sicile qui se termine par un désastre en 413. Affaire des Hermès et de la parodie des mystères. Premier exil.

412 – Il fait campagne, dans la mer ionienne, contre les Athéniens à la tête d'une flotte spartiate.

411 – troubles politiques à Athènes, où la démocratie est renversée. Arrivée d'Alcibiade à Samos.

410 – victoire de Cyzique.

407 – retour à Athènes.

406 – défaite de Notion. Second exil.

404 – bataille d'Aegos Potamoi : défaite d'Athènes et fin de la guerre du Péloponnèse.

Mort d'Alcibiade.

BIOGRAPHIES DES AUTEURS

Andocide (v. 440 – 390). Il naît dans une grande famille athénienne, les Kéryces. Jeune, il suit le parti oligarchique mais gravement impliqué dans l'affaire de la mutilation des Hermès, il se brouillera avec les oligarques et quittera Athènes après avoir été privé de ses droits civiques. Revenu à Athènes et amnistié, il se lance dans la vie politique ; mais en 392, il fait partie d'une délégation qui mène des négociations avec les Spartiates, et qui, au retour, est désavouée par l'Assemblée. Il s'exile et nous perdons sa trace.

Orateur convenable sans être de premier plan, il a composé des discours dont trois nous sont parvenus. Le *Contre Alcibiade*, qui lui est attribué, n'est sans doute pas de lui. Ce discours aurait été prononcé lors du vote de l'ostracisme qui menaçait Alcibiade et qui frappa Hyperbolos. C'est d'autant plus invraisemblable qu'il n'y avait pas de discours avant un vote d'ostracisme. On pense qu'il s'agirait plutôt d'un discours composé au début du IVe siècle avant J.-C. par un élève des Sophistes à qui l'on avait proposé un thème pour une joute oratoire. Le choix d'Alcibiade s'explique par la place importante qu'occupait la mémoire du personnage dans l'opinion publique au début du IVe siècle.

Aristophane (v. 450 – v. 385). Il est considéré comme le véritable fondateur de la comédie grecque. Il composa quarante-quatre pièces, dont onze nous sont parvenues. Mêlant hardiment grivoiserie et poésie, il initie une lignée où s'inscrira Rabelais.

Ennemi affirmé de la démagogie, Aristophane est un conservateur, hostile à l'esprit nouveau qui mine les institutions. Adversaire du parti démocratique, auquel il reproche de dilapider les fonds publics et d'entretenir une guerre ruineuse contre Sparte, il célèbre les vertus d'une sagesse populaire, de la nature, et surtout de la paix, dont il souhaitera passionnément le retour. Il pouvait difficilement apprécier le va-t-en-guerre Alcibiade.

Athénée (170 – 230). Rhéteur et grammairien grec, né à Naucratis en Égypte, sous Marc Aurèle, il alla vivre à Rome. Son œuvre principale est les *Deipnosophistes*, « le banquet des philosophes ». Les quinze livres de l'ouvrage sont présentés comme le compte rendu de conversations tenues lors d'un dîner fictif, auquel prennent part un certain nombre de personnalités, contemporaines ou plus anciennes. L'ensemble constitue une véritable encyclopédie, où sont abordés des sujets aussi divers que la gastronomie, les conventions sociales, le luxe... On découvre ainsi des curiosités glanées parmi mille cinq cents ouvrages qui, pour la plupart, ne nous sont pas parvenus.

Alcibiade a droit à trois chapitres dans le livre XII sur le luxe et un dans le livre XIII consacré à l'amour.

Athénée cite les anecdotes les plus croustillantes sur la vie privée du personnage.

Cornélius Népos (109 – 27). Originaire de la Gaule citérieure – la plaine du Pô – il se voulait « vieux Romain » c'est-à-dire très peu féru de culture grecque, mais plein de vénération pour les vertus antiques.

Il nous reste, d'une œuvre ample, le traité *Des grands généraux des nations étrangères* qui n'était que le troisième chapitre d'un très copieux *De viris illustribus* et deux vies traitées *Des historiens latins*.

On lui a reproché de manquer d'imagination dramatique et d'idées générales mais on apprécie souvent son habileté à conter des anecdotes et sa capacité à présenter des personnages bien caractérisés.

Diodore de Sicile (v. 90 – v. 20). Cet historien grec, né à Agyrion, en Sicile, voyagea beaucoup, et séjourna notamment à Rome et en Égypte. Il a composé une monumentale *Bibliothèque historique* de quarante livres – une histoire universelle des origines à la conquête de la Gaule par Jules César. Il nous reste quelques livres, dont l'histoire du Ve siècle avant J.-C. On peut y puiser des renseignements intéressants, même si l'on peut déplorer une critique souvent insuffisante des sources.

Isocrate (436 – 338). Il est né dans le dème d'Erchia comme Xénophon. Son père Théodoros occupait des esclaves à la fabrication de flûtes et fit donner à son fils une éducation soignée : il fréquenta Socrate et Gorgias. Vers 393, il ouvrit à Athènes une école d'éloquence qui devait avoir la plus grande renommée. Il est connu comme logographe[89] et six discours qui nous sont parvenus lui sont attribués dont *Sur l'attelage*. A la suite de sa triple victoire olympique de 416, Alcibiade avait fait l'objet d'une plainte portée par un certain Diomédès : d'après la version de Diodore de Sicile, celui-ci prétendait que l'un des attelages victorieux lui appartenait et avait été seulement prêté à Alcibiade qui refusait de le rendre. Les exils, puis la mort de celui-ci empêchèrent le procès de venir devant les juges. L'affaire fut reprise quand le fils d'Alcibiade, qui portait le même nom que son père, devint majeur, et Isocrate composa pour lui un plaidoyer. Nous n'en possédons que la deuxième partie qui est un éloge d'Alcibiade : après avoir réfuté les accusations les plus graves portées contre son père (sacrilège, trahison), le plaideur expose ses mérites et les services qu'il a rendus à la ville.

Lysias (v. 459 – 375 ?). Il était fils de Kephallos, métèque originaire de Syracuse, et l'une des plus grosses fortunes d'Athènes. Les métèques étaient

---

89. À Athènes, l'accusé n'avait pas d'avocat ; il devait se défendre lui-même en lisant son plaidoyer. Il s'adressait alors à des professionnels de l'art oratoire, les logographes, qui lui rédigeaient son discours.

des étrangers domiciliés à Athènes, qui n'avaient pas de droits politiques, mais qui bénéficiaient d'un statut leur assurant certaines garanties, et qui leur permettaient de jouer un rôle parfois fort important dans l'industrie, le commerce et la vie intellectuelle de la cité.

Il suivit de solides études de rhétorique, séjourna un certain temps en Italie du Sud, puis rentra à Athènes en 415. Mais, ruiné par la tyrannie des Trente, il prit part aux combats des démocrates, rentra avec eux à Athènes, où il mourut à plus de 80 ans, semble-t-il.

Il exerça, avec beaucoup de succès, la profession de logographe. Trente-cinq discours de Lysias nous sont parvenus, dont trente-deux plaidoyers judiciaires.

S'exprimant dans une langue claire, naturelle, usant d'arguments souvent habiles et toujours simples, il fut l'éminent représentant de l'atticisme, ce style d'une grande délicatesse de goût et de langage empreint d'une élégante urbanité, propre aux bons auteurs attiques.

Il a composé deux discours *Contre Alcibiade*, pour un certain Archestratidès qui accusait le fils d'Alcibiade d'abandon de poste à l'armée et d'introduction frauduleuse dans le corps des cavaliers, où le service était plus agréable, mais les conditions d'accès plus difficiles. En attaquant le fils, Lysias n'a pas manqué d'égratigner le père.

Platon (v. 427 – v. 347). Il est né dans une famille athénienne en vue. Il fut élève de Cratyle, disciple d'Héraclite, et surtout, de Socrate jusqu'à la mort de celui-ci en 399. Ensuite, il voyage, se rend à Mégare suivre les cours d'Euclide, puis en Égypte, en Cyrénaïque, en Italie du sud pour fréquenter les Pythagoriciens. En 387, il fonde son école, l'Académie, avant de se rendre plusieurs fois à Syracuse.

Dans son œuvre constituée essentiellement de dialogues philosophiques – sauf *La République* et *Les Lois* – il aspire à faire revivre son maître Socrate et à prolonger sa pensée. La guerre du Péloponnèse, et la défaite qui la clôt, ont entraîné une profonde crise politique et morale, avec un effondrement des valeurs qui sous-tendaient la civilisation athénienne. Un relativisme désabusé s'installe. À travers Socrate, Platon entend « réveiller l'homme », en lui enseignant que l'unique réalité, ce sont les idées, qui sont l'objet de la connaissance, ainsi que les modèles dont les choses tirent leur être propre. L'homme peut ainsi remonter au Bien, et au Beau, dont *Le Banquet* affirme qu'il est le seul objet d'amour. Alcibiade, disciple et ami de Socrate, a donné son nom à deux dialogues platoniciens.

Plutarque (v. 46 – v. 125). Il est né à Chéronée, en Béotie, Après avoir suivi des cours de rhétorique à Athènes, il séjourna à Rome et en Égypte avant de revenir à Chéronée, où il exerça avec conscience la fonction d'archonte dans sa ville ainsi que celle de prêtre d'Apollon à Delphes.

Ce fut un écrivain prolixe. Il composa près de deux cent trente livres, dont quatre-vingt-trois nous sont parvenus. On a coutume de retenir les biographies et les œuvres morales, mais, en fait, il aborde de nombreux domaines : philosophie, théologie, sciences naturelles, rhétorique...

Dans ses biographies, les *Vies parallèles,* vingt-trois au total, qui associent un Grec et un Romain, Plutarque estime que la vie des hommes illustres offre au lecteur des modèles lui permettant de réfléchir sur le sens d'une activité humaine qui doit être éclairée par une morale pragmatique où la piété et le bon sens ont une place prépondérante.

Alcibiade est présenté parallèlement à Coriolan, général romain historique ou légendaire, qui aurait vécu au Vᵉ siècle et qui aurait, lui aussi, trahi sa patrie, en allant combattre à la tête des Volsques, avant de se laisser fléchir par les supplications de sa mère.

Pour la vie d'Alcibiade, Plutarque disposait d'une immense documentation. Il a suivi surtout Thucydide, Éphore, historien du IVᵉ siècle auteur d'une *Histoire universelle* et Théopompe, auteur d'une *Histoire hellénique* continuant celle de Thucydide. De ces deux dernières œuvres, il ne nous reste que des fragments.

Thucydide (v. 455 – 396). Il est né dans une vieille famille athénienne. Il semble qu'il descendait de Miltiade, le vainqueur de Marathon en 490. Il fut l'élève d'Anaxagore et fréquenta des Sophistes, notamment Gorgias et Antiphon.

Il fut élu stratège en 424, conduisit une expédition en Thrace mais ne put empêcher le Spartiate Brasidas de prendre Amphipolis. Accusé de trahison, il partit en exil en Thrace, où il resta vingt ans, jusqu'à son rappel en 404.

Il a composé *La guerre du Péloponnèse* en huit livres, depuis le début du conflit en 431 jusqu'en 411, année de la chute des Quatre Cents à Athènes. C'est sans doute la mort qui interrompit son récit, une mort dont on ne connaît pas les circonstances.

Thucydide est considéré comme l'historien majeur de l'Antiquité. Son impassibilité dans la narration, sa scrupuleuse exactitude dans la documentation, son refus d'accepter l'intervention des dieux ou de la providence, en font un précurseur des historiens modernes.

Son désir constant d'intelligibilité lui impose une recherche permanente de l'enchaînement des faits. D'où l'importance dans son œuvre des discours, dont la composition traduit l'influence des Sophistes, et qui ont pour fonction d'éclairer le déroulement des événements et d'en souligner le sens.

Alcibiade n'apparaît qu'au livre V, mais il est très présent dans les livres suivants. Les précisions apportées dans certains épisodes le concernant laissent penser qu'Alcibiade a pu être lui-même l'un de ses informateurs.

Xénophon (426 – 354). Il fut un historien, un essayiste et un chef militaire. Né dans une riche famille athénienne, il suivit les cours des Sophistes et, surtout ceux de Socrate. Hostile au rétablissement de la démocratie à la chute des Trente, il quitte Athènes en 404 et s'engage dans les troupes de mercenaires grecs levées par le Perse Cyrus le Jeune qui tenta de renverser son frère Artaxerxès mais fut vaincu à la bataille de Cunaxa en 401. Les mercenaires grecs, qu'on nomma les Dix Mille, réussirent à revenir en Grèce en traversant une Perse hostile. Xénophon fut l'un de leurs chefs et a narré le périple dans *L'Anabase*. Puis, se mettant au service du roi de Sparte Agésilas, il combattit contre les Athéniens à Coronée en 394. Revenu à Athènes en 367, il compose les sept livres des *Helléniques* qui continuent le récit de la guerre du Péloponnèse, là où s'était arrêté Thucydide, puis les quatre livres des *Mémorables*. On lui doit aussi la *Cyropédie*, une histoire de Cyrus le Grand, ainsi que toute une série d'ouvrages techniques sur l'économie, la chasse, l'équitation...

Dans les *Mémorables,* il entend défendre la mémoire de Socrate et prouver que ses adversaires l'ont accusé à tort d'avoir corrompu la jeunesse et d'avoir exercé une influence politique néfaste sur ses disciples. D'où sa volonté de montrer que les aspects négatifs de la personnalité d'Alcibiade, loin d'être dus à la fréquentation de Socrate se sont au contraire accentués quand Alcibiade a pris, très tôt, ses distances avec l'enseignement socratique.

BIBLIOGRAPHIE

Les traductions des auteurs anciens cités sont extraites d'ouvrages publiés aux Belles Lettres.
La traduction des extraits du livre XII des Deipnosophistes *d'Athénée provient de l'édition Georg Kaibel de 1890.*
Celle des extraits du livre XIII de Diodore de Sicile est de l'abbé Terrasson. Ces deux traductions ont été remaniées par Claude Dupont.

Andocide, *Discours.* Texte établi et traduit par G. Dalmeyda. Collection des Universités de France, Paris, 1930, 4ᵉ tirage 2002.

Cornélius Népos, *Œuvres.* Texte établi et traduit par A.-M. Guillemin. Collection des Universités de France, Paris, 1923, 5ᵉ tirage 2002.

Diodore de Sicile, *Bibliothèque historique.* Tome VII : *Livre XII.* Texte établi et traduit par M. Casevitz. Collection des Universités de France, Paris, 1972, 2ᵉ tirage 2002.

Isocrate, *Discours.* Tome I : *Contre Euthynous, Contre Callimakhos, Contre Lokhitès, Sur l'attelage, Trapézitique, Eginétique, A Démonicos, Contre les Sophistes, Hélène, Busiris.* Texte établi et traduit par G. Mathieu et E. Brémond. Collection des Universités de France, Paris, 1929, 6ᵉ tirage 2008.

Lysias, *Discours,* Tome I : *Discours I-XV.* Texte établi et traduit par L. Gernet et M. Bizos. Collection des Universités de France, Paris, 1924, 11ᵉ tirage 2003.

Platon, *Œuvres complètes*, Collection des Universités de France, Paris :
Tome I : Introduction, *Hippias mineur, Alcibiade, Apologie de Socrate, Euthyphron, Criton.* Texte établi et traduit par M. Croiset, 1920, 14ᵉ tirage 2002.
Tome III 2ᵉ partie : *Gorgias, Ménon.* Texte établi et traduit par A. Croiset avec la collaboration de L. Bodin, 1923, 19ᵉ tirage 2008.
Tome IV 2ᵉ partie : *Le Banquet.* Notice de L. Robin. Texte établi et traduit par P. Vicaire, avec le concours de J. Laborderie, 1989, 4ᵉ tirage 2008.

Platon, *Alcibiade.* Texte établi et traduit par M. Croiset. Introduction et notes par M.-L. Desclos. Collection Classiques en poche, Paris, 1996.

Platon, *Gorgias.* Texte établi et traduit par M. Croiset. Introduction et notes par J.-F.. Pradeau. Collection Classiques en poche, Paris, 1997.

Platon, *Apologie de Socrate*. Texte établi et traduit par M. Croiset. Introduction et notes par F. L'Yvonnet. Collection Classiques en poche, Paris, 2003.

Plutarque, *Vies*. Textes établis et traduit par R. Flacelière et E. Chambry. Collection des Universités de France, Paris :
Tome III : *Périclès-Fabius Maximus. Alcibiade-Coriolan*, 1964, 4ᵉ tirage 2003.
Tome VII : *Cimon-Lucullus. Nicias-Crassus*, Paris, 2ᵉ tirage 2003.

Plutarque, *Vies parallèles, Alcibiade-Coriolan*. Texte établi et traduit par R. Flacelière et E. Chambry. Introduction et notes par Cl. Mossé. Collection Classiques en poche, Paris, 1999, 2ᵉ tirage 2002.

Thucydide, *La Guerre du Péloponnèse*. Sous la direction de J. de Romilly. Collection des Universités de France, Paris :
Tome II 1ᵉʳᵉ partie : *Livre II*. Texte établi et traduit par J. de Romilly, 1962, 6ᵉ tirage 2003.
Tome II 2ᵉ partie : *Livre III*. Texte établi et traduit par R. Weil avec la collaboration de J. de Romilly, 1969, 5ᵉ tirage 2003.
Tome III : *Livres IV-V*. Texte établi et traduit par J. de Romilly, 1968, 3ᵉ tirage 2003.
Tome IV : *Livres VI-VII*. Texte établi et traduit par J. Bodin et J. de Romilly, 1965, 5ᵉ tirage 2003.

Tome V : *Livre VIII*. Texte établi et traduit par R. Weil avec la collaboration de J. de Romilly, 1972, 2e tirage 2003.

Thucydide, *La Guerre du Péloponnèse*. Édition complète en 3 volumes. Texte établi et traduit par J. de Romilly. Introduction et notes par Cl. Mossé. Collection Classiques en poche, Paris, 2009.

Xénophon, *Mémorables*. Tome I : Introduction générale, *Livre I*. Texte établi par M. Bandini et traduit par L.-A. Dorion. Collection des Universités de France, Paris, 2000, 2e tirage 2003.

Xénophon, *Helléniques*. Tome I : *Livres I-III*. Texte établi et traduit par J. Hatzfeld. Collection des Universités de France, Paris, 1936, 8e tirage 2007.

Jean Hatzfeld, *Alcibiade. Étude sur l'histoire d'Athènes à la fin du Ve siècle,* Presses Universitaires de France, Paris, 1940.

Jacqueline de Romilly, *Alcibiade ou les dangers de l'ambition*, Taillandier. Paris, 2008.

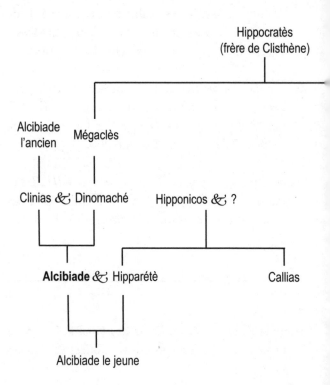

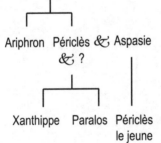

TABLE

Un homme chéri de la fortune 11
Une personnalité complexe. 21
Une amitié paradoxale 37
Les débuts politiques 51
L'expédition de Sicile 61
L'affaire des Mystères 83
La trahison 97
Le retour. 113
Le second exil et la mort. 141
Quelques bons mots d'Alcibiade. 147
Alcibiade était-il démocrate ? 149

Chronologie 157
Biographie des auteurs 159
Bibliographie 168
Arbre généalogique 172-173
Carte 174-175

Ce volume, le cinquième de la collection La véritable histoire, publié aux Éditions Les Belles Lettres, a été achevé d'imprimer en septembre 2009 sur les presses de la Nouvelle Imprimerie Laballery 58500 Clamecy, France

N° d'éditeur : 6946 – N° d'imprimeur : 909231
Dépôt légal : octobre 2009 – Imprimé en France